HAMBURGISCHE UNIVERSITÄT

Abhandlungen
aus dem
Gebiet der Auslandskunde
(Fortsetzung der Abhandlungen des Hamburgischen Kolonialinstituts)

Band 24

Reihe C. Naturwissenschaften

Band 9

Wirtschaftsformen und Landschaft

von

Rudolf Ahrens

HAMBURG
KOMMISSIONSVERLAG L. FRIEDERICHSEN & CO.
1927

Wirtschaftsformen und Landschaft

Die zur unmittelbaren Befriedigung des Nahrungsbedürfnisses dienenden Wirtschaftsformen in den außereuropäischen Erdteilen zur Zeit ihres Bekanntwerdens durch die Europäer in ihren Beziehungen zur Landschaft

von

Rudolf Ahrens
Dr. rer. nat.

Mit 7 Textfiguren und 19 Karten auf 5 Tafeln

HAMBURG
KOMMISSIONSVERLAG L. FRIEDERICHSEN & CO.
1927

Die „Abhandlungen aus dem Gebiet der Auslandskunde" (Fortsetzung der Abhandlungen des Hamburgischen Kolonialinstituts) erscheinen i folgenden Reihen:

A. Rechts- und Staatswissenschaften (auch politische Geschichte umfassend),

B. Völkerkunde, Kulturgeschichte und Sprachen,

C. Naturwissenschaften,

D. Medizin und Veterinärmedizin.

Sämtliche Zuschriften und Sendungen, die den Druck und die Herausgabe der Abhandlungen betreffen, insbesondere sämtliche druckreifen Manuskripte bittet man zu richten

An die Schriftleitung der Abhandlungen aus dem Gebiet der Auslandskunde

Hamburg 13

Universität

Druck von J. J. Augustin in Glückstadt und Hamburg

Vorwort.

Die vorliegende Abhandlung, die sich mit den zur unmittelbaren Befriedigung des Nahrungsbedürfnisses dienenden Wirtschaftsformen in den außereuropäischen Erdteilen zur Zeit ihres Bekanntwerdens durch die Europäer in ihren Beziehungen zur Landschaft beschäftigt, will in der wirtschaftsgeographischen und völkerkundlichen Literatur eine Lücke ausfüllen.

Als Mittel zur Lösung des Problems verwendet sie die von S. Passarge begründete „Vergleichende Landschaftskunde".

Besonderer Wert wurde auf die kartographische Darstellung gelegt, wobei eine neue Lösungsweise es ermöglicht, die wirtschaftlichen und geographischen Verhältnisse zugleich zu überblicken.

Das Material für die Schrift wurde in den Jahren 1922 bis 1925 gesammelt, im Winter 1925/26 niedergeschrieben und vor der Drucklegung geringfügigen Änderungen unterworfen.

Ich möchte nicht versäumen, Herrn Professor S. Passarge für die Anregung zur vorliegenden Arbeit, ihm, sowie den Herren Professoren G. Thilenius und W. Schubring für ihr Bemühen um die Drucklegung an dieser Stelle meinen Dank auszusprechen.

Hamburg, im Juni 1927. Rudolf Ahrens.

Inhaltsverzeichnis.

Abbildungen im Text:

I. Einleitung.

Das Problem des Verhältnisses von Mensch und Erde beschäftigt die Forschung bereits seit zwei Jahrtausenden. Die Linie der Forscher führt von Strabo über Montesquieu, Herder, Heeren, Alexander von Humboldt, Karl Ritter zu Ratzel und Kirchhoff — um nur die wichtigsten Namen zu nennen. Eine besonders umfangreiche und eingehende Pflege hat unter den verschiedenen Zweigen der Anthropogeographie die Wirtschaftsgeographie erlebt, wobei in neuerer Zeit vorwiegend der europäische Kulturkreis Berücksichtigung fand. In vorliegender Arbeit handelt es sich hingegen um die Aufgabe, die Wirtschaftsformen in den außereuropäischen Erdteilen zur Zeit ihres Bekanntwerdens durch die Europäer in ihren Beziehungen zur Landschaft darzulegen.

Die Wirtschaftsformen hängen ab von menschlichen und geographischen Faktoren. Da nun letztere für unser Thema ausschlaggebend sind, ist es notwendig, sie von den menschlichen möglichst scharf zu trennen. Dies dürfte am besten gelingen, wenn wir eine großzügige vergleichende Betrachtung der Wechselbeziehungen der Wirtschaftsformen und Landschaften anstellen. Hierzu befähigt uns die von Siegfried Passarge begründete Vergleichende Landschaftskunde, ein Gebiet der geographischen Wissenschaft, das erst in neuerer Zeit bearbeitet wurde. Eine Hauptaufgabe der Vergleichenden Landschaftskunde ist es, Landschaftstypen aufzustellen, weil sie eine schnelle Vergleichung ähnlicher Landschaften wesentlich erleichtern. So werden wir dann an Hand der von S. Passarge aufgestellten Landschaftstypen unser Thema zu bearbeiten suchen.

II. Der Mensch als Träger der Wirtschaftsformen.

Bevor wir zur eigentlichen Behandlung der Wirtschaftsformen übergehen, dürfte es vielleicht zweckmäßig sein, einiges über den Menschen, als den Träger der Wirtschaftsformen, zu sagen. Zu der Zeit, als die außereuropäischen Erdteile in den Gesichtskreis der Europäer traten, waren erstere in ihrer ganzen Ausdehnung vom Menschen bereits bewohnt. Im nördlichen Amerika waren die Eskimos sogar bis zum 79. Grad nördlicher Breite vorgedrungen und suchten dieses Gebiet in ihrer Weise auszunutzen; nur einige Gebiete, wie die Taimyrhalbinsel in Nordasien, sowie eine Anzahl von kleineren Inseln, die im allgemeinen in größerer Entfernung von den Festländern gelegen waren, fand man zur Zeit ihrer Entdeckung unbewohnt und wirtschaftlich nicht ausgenutzt. Dahin gehören sämtliche Inseln des Atlantischen Ozeans mit Ausnahme der Kanarien; im Indischen Ozean waren die Seychellen und Tschagos-Inseln, ferner die Gruppe der Maskarenen östlich von Madagaskar, im Stillen Ozean die Galapagos und der südliche Teil von Südneuseeland, sowie einzelne kleinere Inseln unbewohnt. Wie hier die Entfernung vom Festlande, so zog auch die Höhenlage dem Menschen eine Schranke; im allgemeinen ging er über 4000 m in den Tropen nicht hinaus, während ihm in kälteren Erdstrichen schon weit geringere Höhenlagen eine Grenze zogen.

Obwohl man in den neu entdeckten Erdteilen bereits Menschen vorfand, so waren diese doch vielfach in vereinzelte Gruppen aufgelöst und hatten nur die ihnen zusagenden Landschaftsgebiete in Nutzung genommen.

III. Die Wirtschaftsformen.

Schon im Diluvium finden wir auch in den außereuropäischen Erdteilen den Menschen bereits als Jäger und Sammler. Zur Zeit des Bekanntwerdens dieses Gebietes durch die Europäer hatten sich jedoch schon viele von diesen Völkern der kultivierenden Wirtschaftsform zugewandt, um sich so in gewissem Grade von der Natur unabhängiger zu machen. In der vorliegenden Arbeit soll es nun nicht die Aufgabe sein, die historische Entwicklung der Wirtschaftsformen darzulegen, sondern dieselben einer systematischen Behandlung zu unterziehen. Wir wollen untersuchen, wie sich die Wirtschaftsformen der außereuropäischen Erdteile in ihrer Wechselbeziehung zur Landschaft verhielten, als die Völker derselben in den europäischen Gesichtskreis traten. Wir wollen keinen Längs-, sondern einen Querschnitt ausführen. Da ferner die fremden Länder und Völker zu verschiedenen Zeiten mit den Europäern bekannt wurden, kann nicht eine bestimmte Jahreszahl zugrunde gelegt werden.

Unter den Wirtschaftsformen unterscheidet man solche, die zur unmittelbaren und mittelbaren Befriedigung des Nahrungsbedürfnisses dienen. In unserer Arbeit sollen nur die ersteren berücksichtigt werden. Zur Ernährung bedarf der Mensch Eiweiß, Fette, Kohlehydrate, Salze und Wasser. Diese Stoffe bietet ihm vorwiegend das Pflanzen- und Tierreich, einesteils, indem er sich die von der Natur gebotenen Dinge einfach aneignet, andererseits, indem er dieselben durch Kultur erzeugt; demnach unterscheidet man die aneignende und die kultivierende Wirtschaftsform; erstere umfaßt Sammelwirtschaft, Jagd und Fischfang, letztere Bodenkultur und Viehwirtschaft. Diejenige Wirtschaftsform, die die größte Bedeutung für ein Volk hat, bezeichnet man als Hauptwirtschaftsform, eine andere, minder wichtigere als Ergänzungswirtschaftsform. Folgende Tabelle möge die Übersicht der zu behandelnden Wirtschaftsformen erleichtern; doch ist zu bedenken, daß die Einordnung und scharfe Trennung der wirtschafttreibenden Völker in ein solches Schema gewisse Härten mit sich bringt, da in der Praxis die Dinge häufig ineinanderfließen.

A. Aneignende Wirtschaftsformen.
 1. Jagd und Sammelwirtschaft.
  a) Jagd und Sammelwirtschaft als Hauptwirtschaftsform.
   aa) Universale Jagd und Sammelwirtschaft.
   bb) Partikulare Jagd und Sammelwirtschaft.
    A. Vorwiegend Jäger.
    B. Vorwiegend Sammler.

b) Jagd und Sammelwirtschaft als wichtige Ergänzungswirtschaftsform

neben Fischfang,
,, Pflanzenbau,
,, Pflugbau,
,, Viehwirtschaft.

2. Fischfang.
a) Fischfang als Hauptwirtschaftsform.
b) Fischfang als wichtige Ergänzungswirtschaftsform

neben Jagd und Sammelwirtschaft,
,, Pflanzbau,
,, Pflugbau,
,, Viehwirtschaft.

B. Kultivierende Wirtschaftsformen.
1. Bodenkultur.
a) Pflanzbau.
aa) Pflanzbau (einschl. Baumkultur) als Hauptwirtschaftsform.
A. Dauerfeldbau.
B. Regenzeitfeldbau.
Γ. Trockenzeitfeldbau.
Δ. Künstlicher Bewässerungsbau.
AA. Oasenkultur.
BB. Überwindung der ausgeprägten Trockenzeit durch künstliche Bewässerung.
ΓΓ. Aus vorwiegend pflanzenphysiologischen Gründen.
E. Sommerfeldbau.
bb) Pflanzbau als Ergänzungswirtschaftsform

neben Jagd und Sammelwirtschaft,
,, nomadisierender Viehwirtschaft.

b) Pflugbau.
aa) als Hauptwirtschaftsform, und zwar
A. als Dauerfeldbau,
B. ,, Regenzeitfeldbau,
Γ. ,, Trockenzeitfeldbau,
Δ. ,, Sommerfeldbau.
bb) als Ergänzungswirtschaftsform
A. neben Oasenkultur,
B. ,, Pflanzbau als Sommerfeldbau,
Γ. ,, nomadisierender Viehwirtschaft.
2. Viehwirtschaft.
aa) Viehwirtschaft als Hauptwirtschaftsform.
bb) Viehwirtschaft als Ergänzungswirtschaftsform.

IV. Landschaft und Wesen der Vergleichenden Landschaftskunde.

Hinsichtlich der Wirtschaftsform ist der Mensch in hohem Maße abhängig von der Landschaft, in die er hineingestellt ist. Sie ist wesentlich bedingt durch Lage, Klima, Oberflächenform, Bewässerung, Bodenbildung und Pflanzenwelt. So dürfte kaum eine Landschaft der andern völlig gleichen; manche haben jedoch übereinstimmende Merkmale, durch deren Zusammenfassung man „zu Ideallandschaften gelangt, zu Landschaften, die nicht existieren, aber den Vorteil bieten, das Vergleichsobjekt für zahlreiche wirkliche Landschaften zu geben und damit gleichzeitig eine Übersicht und Ordnung in das Chaos von Einzellandschaften zu bringen.“ Da eine allseitige Bekanntschaft mit diesen Ideallandschaften oder Landschaftstypen nicht unbedingt vorausgesetzt werden kann, sollen im folgenden die hier in Frage kommenden aufgezählt und kurz charakterisiert werden:

Tropische Regenwaldländer.
Galeriewaldsteppen und Trockenhochwald.
Uferwaldsteppenländer.
Warme Hochgebirgssteppenländer.
Kalte Hochgebirgssteppenländer.
Trockengebiete.
Subtropische Regenwaldländer.
Hartlaubländer (Wald und Steppen).
Nadelwaldländer des Mittelgürtels.
Waldsteppen des Mittelgürtels und der Subtropen.
Steppen und Waldsteppen.
Monsunwaldländer der Subtropen und des Mittelgürtels Ostasiens.
Ozeanische Waldländer.
Subpolare Wiesenländer.
Kältesteppen und Kältewüsten der nördlichen Polarkappe.

Die tropischen Regenwaldländer zeichnen sich aus durch hohe, gleichmäßige Temperatur; die Niederschläge sind sehr stark und dazu gleichmäßig über das ganze Jahr verteilt. Infolgedessen weisen diese Gebiete eine außerordentlich üppige Vegetation auf. Der tropische Regenwald ist über Flachland und Bergland verbreitet. Die Flachländer werden oft von großen Flüssen durchzogen, die von hohen Uferwällen begleitet sind. Bei hohem Wasserstande speisen diese Flüsse zeitweilig die toten Flußarme, Waldsümpfe und Überschwemmungsseen. Niedrige Urwaldplatten werden bei Hochwasser oft meilenweit überschwemmt, so daß nur die Kronen der Bäume aus der Wasserwildnis hervorragen. Am Meeresufer und in den Deltas solcher Gebiete entwickeln sich Mangrovensumpfwälder, die sich durch ein Gewirr von Stelzwurzeln, umgefallenen Stämmen und verhältnismäßig große Lichtigkeit auszeichnen. Über dem tropischen Regenwald als Fußstufe erhebt sich als Höhenstufe der tropische Bergwald, in welchem die Baumfarne die Palme ersetzen, und der Nebelwald, der sich durch außerordentliche Nässe charakterisiert und tagsüber meistens von Wolken eingehüllt ist. An vielen Orten ist der Nebelwald vom Menschen in fruchtbare Hochweiden und Ackerland umgewandelt. Noch höher hinauf folgt eine Gestrüppstufe, die weiterhin von Matten und Grassteppen abgelöst wird; ihnen folgt eine Kältesteppe mit harten Büschelgräsern und Zwergsträuchern, zuletzt eine Fels- und Eiswüste.

In manchen tropischen Regenwaldländern ist schon eine Trockenzeit schwach angedeutet. Durch sie veranlaßt, geht der immergrüne Wald in laubabwerfenden Trockenwald, späterhin in Grasfluren über, die von Galeriewaldflüssen durchzogen werden. Teile dieser Galeriewaldsteppen sind durch den Menschen in sogenannte Raublandschaften oder in Kulturland umgewandelt.

Kürzere Dauer der Regenzeit bewirkt, daß die Galeriewaldsteppen in Uferwaldsteppen übergehen, in denen Hochgrasfluren den Niedergrasfluren allmählich Platz machen und die Uferwälder aus laubabwerfenden Bäumen bestehen. Als Höhenstufen folgen Nebelwald, Hochweiden, Gestrüpp, Matten, Fels- und Eisstufe.

Wie die tropischen Sommerregensteppen, sind auch die warmen Hochgebirgssteppen durch den Wechsel der Regen- und Trockenzeit charakterisiert. Sie ähneln im allgemeinen den Steppen der Tiefländer. Wir finden sie in einer Höhe von 2000 bis 4000 m. Die Insolation ist tagsüber sehr groß; die Nächte dagegen sind kühl, und somit sind diese Gebiete gesund.

Polwärts gehen die warmen Hochgebirgssteppen in gemäßigte und weiterhin in kalte Hochgebirgssteppen über. In einer Höhe von etwa 4000 bis 5000 m zeigen diese Zwergsträucher und Borstengras.

Die Trockengebiete zeichnen sich durch geringe Niederschläge aus, sind aber in bezug auf Temperatur sehr verschieden. Man unterscheidet Salzsteppen und Wüsten. Erstere erhalten noch mehr oder minder regelmäßig Niederschläge, sodaß sich eine Steppenvegetation zu entwickeln vermag. Die Wüsten dagegen haben keine Vegetation oder bedecken sich nur vorübergehend mit einem Frühlingsblumenflor. Da, wo sich Gebirge in Trockengebieten erheben, zeigen sich Regenwald und Salzsteppentäler. An Stellen, wo Fremdlingsflüsse das Trockengebiet durchqueren, liegen die Vegetationsverhältnisse bedeutend günstiger.

Subtropische Regenwälder finden wir in regenreichen Gebieten der Subtropen. Auf solchen Regenwald folgt als Höhenstufe sommergrüner Wald, darüber nordischer Nadelwald. In sumpfigen Flachländern dieser Gebiete zeigen sich wohl auch Taxussümpfe mit reichem Tier- und Pflanzenleben, auf nährstoffarmen, trockenen Sandböden Kiefernheiden, wie beispielsweise in den Südstaaten der Union.

Zwischen den Trockengebieten und den Mittelgürteln liegen die subtropischen Hartlaubländer mit Winterregen. Wo durchlässiger Kalkstein oder Sand vorhanden ist, gehen die Hartlaubwälder in Steppen über. Als Höhenstufen finden wir über den Hartlaubwäldern sommergrünen Wald, Nadelwald, Matten-, Fels- und Eisstufe.

Die Nadelwaldländer des Mittelgürtels zeichnen sich durch ihren überwiegenden Bestand an Nadelbäumen, Lärchen, Tannen und Fichten, aus. Der Sommer ist sehr warm, der Winter eisig kalt und hüllt alles in eine ausdauernde Schneedecke. Große Ströme durchziehen diese Gebiete; auch ausgedehnte, im Sommer gänzlich unzugängliche Sumpfwälder kommen vor, wie die Taigá in Westsibirien. Besondere Bedeutung für den Menschen hat der offene, lichte Tundrawald, der den Übergang zur Tundra bildet. Als Höhenstufe über den Nadelwaldländern finden wir Mattenvegetation.

Die subtropischen Regenwälder einerseits und die Nadelwälder des Mittelgürtels andererseits gehen in Richtung auf die Steppen in Waldsteppen des Mittelgürtels über. Hieran schließen sich die Steppen, in denen sich hie und da auch Baumwuchs findet.

Die Monsunwaldländer Ostasiens erhalten ihr Gepräge durch den Südostmonsun, der im Sommer weht und diesen Ländern vorwiegend den Regen bringt. Diese Gebiete erstrecken sich vom subpolaren Kamtschatka bis nach dem subtropischen Südchina.

Die ozeanischen Waldländer zeichnen sich aus durch außerordentlich reiche Niederschläge, durch kühle Sommer und milde Winter. Vorwiegend Nadelwälder bedecken diese Gebiete, die die Gebirgsfjordküsten der Ozeane einnehmen. Hie und da findet sich auch immergrüner Laubwald.

In den subpolaren Wiesenländern herrscht Sommer und Winter ein nasses, nebeliges Klima mit viel Regen und Schnee. Das Meer friert nie zu. Saftige Wiesen bilden die typische Vegetation dieser Gebiete.

Die Kältesteppen sind die Tundraländer. Moos- und Flechtenpolster überziehen den Boden; nur Krummholz aus Birken und Weiden kommt vereinzelt vor. Tier und Mensch können diese Gebiete nur zeitweise ausnutzen; im allgemeinen vermag der Mensch nur an der Küste zu überwintern.[1] Dort, wo die Tundra von Eismassen überwältigt wird, ist der menschlichen Tätigkeit ein Ziel gesteckt.

---

[1]) Eine Ausnahme bilden die neuerdings von Knud Rasmussen entdeckten Renntiereskimos am Kazanflusse in Kanada (Rasmussen, Knud, Rasmussens Thulefahrt. Frankfurt a. Main 1926. S. 107 ff.).

V. Damalige Verbreitung für die Wirtschaft wichtiger Pflanzen und Tiere.

Für die menschliche Wirtschaft sind gewisse Wildformen wie auch Kulturformen des Pflanzen- und Tierreiches von großer Bedeutung. Im folgenden soll die Verbreitung der wichtigsten unter ihnen zur Zeit, als die betreffenden Länder in den Gesichtskreis der Europäer traten, dargelegt werden.

Zu den Wildformen des Pflanzenreiches in Amerika gehörte der wilde Reis, der an der Südseite der großen Seen gedieh, die Eichel in Kalifornien, einige Palmenarten in Mittel- und Südamerika und die Fichtennüsse im Lande der Araukaner, die Mesquite (Prosopis iuliflora), deren mehlhaltige Schoten ein wichtiges Existenzmittel der Indianer Zentralamerikas und Mexikos bildeten, verschiedene Kaktusarten und die Agave. In den Steppen und Skrubgebieten Australiens spielten der Same einiger Akazienarten, einiger Eukalypten, sowie die Fruchtkerne des Schraubenbaumes (Pandanus) und manche Knollengewächse eine wichtige Rolle. In Afrika waren wilde Kürbisse, in Nordarabien Sambh und Mesaa, auf den Andamanen eine grobe, wildwachsende Bohne und die Frucht der Mangrove, auf den Molukken das Mark der Sagopalme, in Sibirien manche Beerenarten von großer Bedeutung.

Zu den Kulturformen der Pflanzenwelt Amerikas rechnen wir den Mais (Zea Mays), die Bohne (Phaseolus), die Kartoffel, die Batate (Ipomoea Batatas), die Quinoa (Chenopendium Quinoa), die Sonnenblume (Helianthus), die Mandioca, die Erdnuß (Arachis hypogaea), sowie verschiedene Palmenarten. In Australien wurde nur an wenigen Stellen eine Jamsart (Dioscorea) angebaut. In Afrika, wo ursprünglich nur Durra oder Sorghum kultiviert wurde, waren schon die Kulturpflanzen des asiatischen Festlandes und seiner Inselwelt eingeführt. Hier mögen Weizen, Jams, Bohnen, Taro, Bananen und der Brotfruchtbaum genannt werden; ebenso war ein großer Teil der amerikanischen Kulturpflanzen vor den Europäern ins Innere Afrikas gelangt. In Südasien wurde der Reis in großem Maße angebaut, in der Südsee die Sago- und Kokospalme und der Brotfruchtbaum.

Zu den Wildformen des Tierreiches, die von großer Bedeutung waren, gehörten die Robben, die besonders an den nördlichen Küsten Amerikas und Asiens in Menge vorkamen. In den nördlichsten Teilen Nordamerikas und auf Grönland lebte der Moschusochse. Die Nadelwälder Nordasiens und des nördlichen Amerika waren von Elchen und Hirschen besiedelt, während das Renntier die Tundra und den Tundrawald durchstreifte. Der Bison in den nordamerikanischen, Guanaco und Vicunna in den südamerikanischen Steppengebieten gewährten den dort wohnenden Völkern den weitaus größten Teil ihres Lebensunterhaltes. Große Herden von Antilopen bevölkerten die afrikanischen Steppengebiete.

Känguruh und Emu dienten manchen australischen Stämmen als Nahrung, während viele Küsten und Flüsse durch ihren Fischreichtum dem Menschen einen großen Teil des Lebensunterhaltes boten. Andererseits wurden an manchen Stellen gewisse Wirtschaftsformen durch das Auftreten einer schädlichen Zufallsform des Tierreiches, wie z. B. der Tsetsefliege am unteren Sambesi, unmöglich gemacht.

Zu den Kulturformen des Tierreiches zählen wir in Südamerika Lama und Alpacca, die dort aber vorzugsweise als Lasttiere und zur Wollgewinnung gezüchtet wurden. Die nomadisierende Viehwirtschaft treibenden Völker der alten Welt hielten Rind, Schaf, Kamel, Jak und Ren, während die Pflugbau treibenden Völker dieser Erdstriche Rind, Büffel und Jak züchteten.

VI. Quellen der Abhandlung.

Die vergleichende Betrachtung der Wirtschaftsformen der außereuropäischen Erdteile zur Zeit ihres Eintritts in den europäischen Gesichtskreis ist ein Gebiet, das anderen Zweigen der geographischen Wissenschaft gegenüber noch nicht gebührend bearbeitet wurde. So hat z. B. Max Schmidt[1]) darauf aufmerksam gemacht, daß noch vor nicht langer Zeit die Sammlungsreisenden keine alltäglichen Gerätschaften des wirtschaftlichen Lebens für die Museen einlieferten, während Festschmuck, Zeremonialgeräte und Fetischdarstellungen in großen Mengen eingingen. Dieser Umstand ist, abgesehen von anderen Ursachen, wohl hauptsächlich darauf zurückzuführen, daß auch die Erforschung des Wirtschaftslebens der Völker des europäischen Kulturkreises erst seit einigen Jahrzehnten sich intensiverer Pflege erfreut.

Wenn es auch bei diesem Stande der Wissenschaft auf der Hand liegt, daß es noch der intensivsten Kleinarbeit bedarf, einerseits hinsichtlich der Beobachtung noch lebender Völker, andererseits hinsichtlich der Zusammentragung und Sichtung der sich auf eine Reihe von Wissenschaften verteilenden Berichte über Völker, die ausgestorben sind oder infolge der Berührung mit Völkern des europäischen Kulturkreises andere Wirtschaftsformen übernommen haben, so ist es unseres Erachtens doch heute schon möglich, den Versuch zu machen, eine zusammenfassende Darstellung der Wirtschaftsformen in ihren Beziehungen zur Landschaft zu geben.

Die Quellen, die der folgenden Untersuchung zugrunde liegen, setzen sich wie folgt zusammen: Zuerst sind berücksichtigt die Werke der Entdecker und Eroberer der außereuropäischen Gebiete, die die Wirtschaftsformen mit eigenen Augen beoobachteten, dann die Schriften der Autoren, die bald nach der Entdeckung fremder Länder schrieben, ohne jedoch selbst die fremden Völker und ihre Wirtschaftsformen gesehen zu haben, ferner die Werke derjenigen Schriftsteller, die später, unter Umständen Jahrhunderte nach der Entdeckung, sich in den fremden Erdteilen aufhielten. Endlich ist benutzt eine große Anzahl von Werken, in denen schon versucht wird, die Wirtschaftsformen größerer Gebiete darzustellen. Hierher gehören z. B. Max Steffen, „Die Landwirtschaft bei den altamerikanischen Kulturvölkern" und Friedel's „Wirtschaftsformen der Ozeanier", sowie auch zusammenhängende Darstellungen in größeren völkerkundlichen Werken.

Als Quellenmaterial für die Darstellung der Landschaften hat uns neben den länderkundlichen Werken in erster Linie die Vergleichende Landschaftskunde von Siegfried Passarge[2]) gedient, aus dessen Karte in Heft II der Vergleichenden

[1]) Schmidt, Max, Grundriß der ethnologischen Volkswirtschaftslehre. Stuttgart 1920/21.

[2]) Passarge, S., Vergleichende Landschaftskunde. Berlin 1921—24.

Landschaftskunde wir auch die Darstellung der Eisverhältnisse an den Küsten der nördlichen Polarkappe zur Herstellung einer Karte benutzten.

Für die Lokalisierung der Wirtschaftsgebiete der Völker sind die Karten über die Verbreitung der Völker in Buschan's[1]) Illustrierter Völkerkunde zugrunde gelegt. Die Werte über Temperatur und Niederschläge bei den graphischen Darstellungen und die Tabellen sind Hann's[2]) Handbuch der Klimatologie entnommen. Zur Charakterisierung der Lage von Tarofeldern ist eine nach Kubary[3]) gezeichnete Karte beigefügt.

---

[1]) Buschan, G., Illustrierte Völkerkunde. Stuttgart 1922.

[2]) Hann, J., Handbuch der Klimatologie. Stuttgart 1910.

[3]) Kubary, J. S., Ethnographische Beiträge zur Kenntnis des Karolinen-Archipels. Leiden 1895.

VII. Die Abhängigkeit der Wirtschaftsformen von der Landschaft.

A. Aneignende Wirtschaftsformen.

1. Jagd und Sammelwirtschaft.

a) Als Hauptwirtschaftsform.

aa) Universale Jagd und Sammelwirtschaft.

Das Wesen der aneignenden Wirtschaftsformen besteht darin, daß man sich das von der Natur Gebotene aneignet. Dies geschieht bei Jagd, Sammelwirtschaft und dem Fischfang. Zu der Zeit, als die außereuropäischen Erdteile in den europäischen Gesichtskreis traten, gab es dort noch Völker, bei denen Jagd, Sammelwirtschaft und Fischfang die einzige Wirtschaftsform darstellten, während andere zwar die kultivierenden Wirtschaftsformen bereits ausübten, aber außerdem die aneignenden oftmals als wichtige Ergänzungswirtschaftsformen betrieben.

Da, wo Jagd und Sammelwirtschaft die Hauptwirtschaftsform war, kann man aus Gründen der Zweckmäßigkeit von einem universalen und partikularen Betriebe derselben sprechen; während ersterer sich auf alles erstreckt, was unter den Begriff fällt, berücksichtigt letzterer nur bestimmt ausgewählte Objekte.

α) In tropischen Regenwaldgebieten.

Als die außereuropäischen Erdteile in den europäischen Gesichtskreis traten, war im tropischen Regenwalde der Feldbau bereits sehr verbreitet; man fand jedoch einzelne, isolierte Stämme, die Jagd und Sammelwirtschaft als Hauptwirtschaftsform betrieben. Zu diesen Völkern zählen die das Innere der Halbinsel Malakka bewohnenden Semang,[1]) Sakai und Jakun. Ihr Wirtschaftsgebiet war der tropische Regenwald in dem Gebirge, das die Halbinsel von Norden nach Süden durchzieht. Es ist durch tiefe Täler zerklüftet und steigt aus der vorgelagerten Sumpfebene des Küstengebietes steil auf. Dauernde Sättigung der warmen Luft mit Feuchtigkeit macht das ganze Gebiet zu einem riesigen Treibhaus. An Flüssen ziehen sich Sümpfe und Moräste, von Bambusdschungeln umgeben, hin; es folgt der Hallenwald mit seinen Riesenbäumen; an anderen Orten findet sich undurchdringliches Dickicht, in das der Mensch nur einzudringen vermag, wenn er den Spuren des Wildes folgt. Dieser Urwald ist reich an pflanzlichen und tierischen Nahrungsmitteln. Genießbare Pflanzen sind in solcher Zahl und Reichhaltigkeit vorhanden, daß das Wild nur als Zukost und

[1]) Martin, Die Inlandstämme der Malaiischen Halbinsel. Jena 1905.

Aushilfe in Zeiten fehlender Pflanzennahrung in Betracht kommt. Die Bewohner waren mehr Sammler als Jäger. Unter den Nahrungspflanzen wurde keinerlei beschränkende Auswahl getroffen; ja sogar giftige Pflanzen wurden in genießbare Speise verwandelt. Hauptnahrungsmittel waren Wurzeln und Knollen, Samen und Früchte. Unter den vielerlei Wurzeln lieferten die Knollen wilder Jamsarten die bevorzugteste und gebräuchlichste Nahrung. Die Ernte der Samen und Früchte ist an verschiedene Reifezeiten gebunden; dieser Umstand gewährte den Vorteil, daß dauernd Samen und Früchte zur Verfügung standen. Bevorzugt wurden die Frucht des Durian- und die Samen des Perahbaumes. Jede Familiengruppe kannte jeden Durianbaum ihres Gebietes und zog zur Reifezeit dorthin, um von seinen Früchten zu leben. Beim Perahbaume sammelte man die herabgefallenen, taubeneigroßen Samen vom Boden auf, den man zu diesem Zwecke von Unterholz befreite und jährlich klärte. Die Früchte des Perahbaumes wurden vor dem Genuß entgiftet. Nährsalzhaltige Speisen bildeten Gemüse aus jungen Schößlingen von Palmen, Bambus und Farnen, sowie die Blätter junger Pflanzen, während junge Schwämme als willkommene Beigabe dienten.

Als Jagdwild kamen in Betracht: Elefant, Nashorn, Wildrind, Büffel, verschiedene Hirscharten, Wildschwein, Stachelschwein, Affen, Eichhörnchen, fliegende Füchse, an Vögeln: Pfauen und Fasanen, Reiher, Nashornvögel und Tauben, an Reptilien: Krokodile und Riesenschlangen. Allerlei Kleingetier wurde gefangen oder eingesammelt: Ratten, Eidechsen, Schildkröten, Muscheln, Süßwasserfische und Vogeleier. Als Leckerbissen galt der Honig wilder Bienen, der trotz wütender Angriffe dieser Tiere aus 20 m Höhe von den Bäumen herabgeholt wurde. Obgleich fast alles genossen wurde, verschmähte man jedoch einzelne Tiere, wie z. B. den Tiger, fleischfressende Vögel und Giftschlangen, auch Frösche, Insekten und deren Larven.

Als Jagdwaffen dienten das Blasrohr mit Giftpfeil, ein $2\frac{1}{2}$ m langer Bogen mit vergifteten Bambuspfeilen und ein 1,80 m langer Holzspeer mit langer Bambusspitze. Man kannte auch Fallgruben, Selbstschüsse und Schwippgalgen. Die Jagd betrieb man im allgemeinen als Einzeljagd. Interessant ist es, wie man den wegen seiner Gefährlichkeit gefürchteten Elefanten zur Strecke brachte. Ihn pflegte man zu mehreren vereint in nächster Nähe zu erlegen. Hob er beim Abwärtsgehen einen Hinterfuß so, daß die Sohle fast senkrecht nach oben stand, dann stieß man ihm einen vergifteten Pfeil in die weichen Stellen zwischen den Sohlenballen; durch Weiterschreiten trieb sich das Tier den Pfeil immer tiefer ins Fleisch, stürzte infolge der Giftwirkung bald zu Boden und wurde von den herbeieilenden Jägern getötet.

Die Nahrungsgewinnung bildete fast die einzige Sorge und Beschäftigung dieser Völker. Während die Frauen mit dem Grabstock zum Sammeln auszogen, verrichteten die Männer die schwereren Arbeiten, die das Pflanzensammeln mit sich brachte, oder gingen auf Jagd und trieben Fischfang. Sie kannten die Trinkstellen, zu denen das Wild zog, seinen Durst zu löschen, die Waldblößen, den Tummelplatz der Hirsche und Affen, die Lebensgewohnheiten, Lagerstätten und Wechsel der einzelnen Jagdtiere.

Die einzelnen Gruppen dieser Völker hielten sich an einem Orte einige Tage auf; nach Erschöpfung desselben wanderten sie weiter. Ihre Ruheplätze fanden sie in Felsnischen steiler Uferwände und zwischen den Brettwurzeln der Urwaldbäume; die Schutzdächer waren aus Bambusrohr und Palmblättern schnell hergestellt. Die Nahrungsmittel wurden selten roh verzehrt, meist auf offenem Feuer oder in glimmender Asche geröstet.

Auch auf den Inseln der hinterindischen Inselflur und auf Neuguinea fand man in den tropischen Regenwaldgebieten Stämme, die in gleicher Weise lebten und keinerlei Anbau trieben. Zu ihnen gehören die Orang-Benua und Sabimba im Innern der Inseln des Riau-Lingga-Archipels und auf Sumatra die Orang-Kubu,[1] auf Borneo die Stämme der Punan, Bukitan, Bukit und Olo-Ot. Auf Süd-Celèbes trieben noch Teile der Toála[2] in den Bergen von Malava im Nordwesten Lamontjongs, die Gurngai und Tungu im Innern der Aruinseln und Pygmäenstämme am oberen Mimikafluß im Innern Neuguineas derartige Sammelwirtschaft und Jagd.

In den tropischen Regenwaldländern im Kongogebiete Afrikas trieb man eine derartige Sammelwirtschaft und Jagd bei den Pygmäenvölkern der Batwa, Batschua, Babongo, Bagielli und bei den Babinga.

In den tropischen Regenwaldländern Amerikas traf man am rechten Ufer des Rio Negro die Horden der Maku;[3] am Golf von Uraba und am Unterlauf des Flusses Atrato fand Balbao Indianer ohne Landbau;[4] ebensolche Indianer lebten am Rio Sinu.

β) In Galeriewaldsteppen.

In den Galeriewaldsteppengebieten, besonders im Trockenhochwalde Südamerikas, Afrikas, Südasiens und seiner Inselwelt fanden sich Gebiete, in denen Sammelwirtschaft und Jagd als Hauptwirtschaftsform getrieben wurde, wogegen der Anbau diesen Völkern völlig unbekannt war.

In Südamerika trieben in den Trockenhochwaldgebieten des brasilianischen Berglandes die Gês-Völker, mit Ausnahme der Suya, reine Sammelwirtschaft und Jagd. Zu ihnen gehören die Puri[5] und Botokuden[6] am Oberlauf des Flusses Espirito-Santo und an den Ufern des Rio Doçe. Die Palmittopalme lieferte das Palmitin in den markigen jungen Blättern und Blüten. Die Früchte mancher Palmen bildeten ein wichtiges Sammelprodukt. Die Schoten der Inga, eines Baumes, der häufig an den Flußufern vorkommt, ferner die brasilianische Waldbohne und Knollengewächse wurden eifrig gesammelt. Aus dem Tierreiche

---

[1]) Hagen, B., Die Orang-Kubu auf Sumatra. Frankfurt a. M. 1918.

[2]) Sarasin, P. u. F., Über die Toála von Süd-Celèbes. Globus 83. 1903. S. 277.

[3]) Koch-Grünberg, Theodor, Zwei Jahre unter den Indianern. Stuttgart 1921. S. 9.

[4]) Navarrete, Coleccion de los viages y descubrimientos que hicieron los Españoles. Madrid 1825. Bd. 3. S. 370.

[5]) Spix, von, und Martius, von, Reise in Brasilien. München 1823—31. S. 381ff.

[6]) Wied, Maximilian, Prinz zu, Reise nach Brasilien in den Jahren 1815—1817. Frankfurt a. M. 1820 und 1821. Bd. 1. S. 183. Bd. 2. S. 29—38.

wurde geschätzt eine Ameisenart in Minas Geraës Tanachura mit ungewöhnlich großem Hinterleib, den man röstete. Sie sammelten am Stamme des Barrigudu-Baumes (Bombax ventricosa) die Larve des Prionus cervicornis, die sie mit einem angespitzten Stocke aus dem Marke des Baumes hervorzogen. Vogeleier, besonders solcher Vögel, die dieselben auf die Erde legten, wußten sie geschickt aufzufinden. Affen erlegten sie mit Pfeil und Bogen, indem sie die Bäume erkletterten; auch zum Fischfang wurden Pfeil und Bogen benutzt. Man verschmähte auch nicht das Fleisch von Tieren aus dem Katzengeschlecht. Auch die Geophagie war bei ihnen wie bei manchen anderen Naturvölkern im Gebrauch.

In ähnlichen Verhältnissen lebten die Guayaki[1]) in den Trockenhochwaldhügelgebieten Paraguays. Im Quellgebiete des Orinoko sammelten und jagten die Schiriana; zwischen dem oberen Orinoko und seinem Nebenfluß Meta lebte das Jäger- und Sammelvolk Guahibo.[2]) Im oberen Xingugebiet waren es die Trumaï und Teile der Bororo,[3]) die noch auf dieser Stufe standen.

Solche Gebiete der Trockenhochwälder Südamerikas, die zur Regenzeit überschwemmt werden, beeinflußten die Jäger und Sammler im hohen Grade; sie waren gezwungen, in der Regenzeit die höheren Platten aufzusuchen. In solchen Sumpfgebieten des Trockenhochwaldes lebten in der Nähe des oberen Mamoré die Moxo,[4]) Tsirakua,[5]) Siriono, Movima und Chimane. Die im Orinokodelta wohnenden Warrau,[6]) die hauptsächlich von dem Marke der Mauritia-Palme lebten, waren gezwungen, während der monatelangen Regenzeit auf Bäumen zu wohnen.

Im Xingu-Quellgebiet begab sich das Jäger- und Sammelvolk der Trumaï, die von Ackerbau treibenden Stämmen bedrängt wurden, in Schutz und Abhängigkeit bei dem Pflanzbau treibenden Aruak-Stamm der Mehinaku. Ebenso suchten manche Pygmäenstämme in den Trockenhochwaldgebieten Afrikas Schutz[7]) bei Pflanzbau treibenden Nachbarn, während sie selbst auf der Stufe der Jäger und Sammler stehenblieben. Sie sammelten aus dem Pflanzen- und Tierreiche alles, was zur Nahrung dienen konnte: allerlei Früchte, Wurzeln, Mäuse, Schlangen, Ameisen, Honig; sie jagten Affen, wilde Schweine, Antilopen und Elefanten.[8]) Letzteren erlegten die Bambinga,[9]) indem sie ihm eine Lanze in den

---

[1]) Ehrenreich, P., Neue Mitteilungen über die Guayaki in Paraguay. Globus 73. 1898. I. S. 73.

[2]) Piedrahita, Historiales de las conquistas del nuevo regno de Granada. Amberes 1688. III, 1, IX, 7.

Simon, Pedro, Noticias historiales de las conquistas de tierra firme. Cuenca 1627. I. 3. 5.

[3]) Steinen, Karl von den, Unter den Naturvölkern Zentral-Brasiliens. Berlin 1894. S. 48.

[4]) Aimé-Martin, Lettres édifiantes. Paris 1838. II. 70.

[5]) Nordenskiöld, Erland, Meine Reise in Bolivia 1908—1909. Globus 97. S. 215.

[6]) Quandt, Nachrichten von Surinam und seinen Einwohnern. Görlitz 1807. S. 174.

[7]) So die Akka bei den Momfú: Junker, Reisen in Zentralafrika 1880—1885. Petermanns Geogr. Mitteilungen. Ergänzungsband XX. 1888—1889. S. 37.

[8]) Behm, Über Zwergvölker in Afrika. Petermanns Geogr. Mitteilungen. 1871. S. 151.

[9]) Lenfant, La Découverte des grandes sources du centre de l'Afrique. Paris 1909. S. 26.

Leib rannten und dann verfolgten, bis er durch Blutverlust erschöpft, liegen blieb; auch die Akka[1]) waren große Elefantenjäger.

Die Pflanzbau treibenden Völker hatten sich auf dem fruchtbaren Alluvialboden festgesetzt, während die Jäger und Sammler in den mehr sumpfigen und für Feldbau weniger geeigneten Gegenden umherstreiften. Solch fruchtbarer Alluvialboden war in den Händen der großwüchsigen Ambuella in dem Lande zwischen dem Kubango und dem Kuando, während sich in den unfruchtbareren Gebieten das Zwergvolk der Mucassequere[2]) aufhielt.

Auch in den Trockenhochwaldgebieten Südasiens gab es noch Jäger und Sammler. Auf Ceylon waren es die Wedda.[3]) Die Gegend, in der sie sich aufhielten, trug parklandschaftlichen Charakter. Aus dieser Landschaft erhoben sich mächtige, bewaldete Gneisdome. Während der Regenzeit waren große Teile der Parklandschaft in riesige Seen verwandelt. Dann sahen sich die Weddas gezwungen, am Rande der Gneisdome Zuflucht zu suchen. Ihre Behausung bildeten Nischen, die durch überhängende Gneisplatten gebildet waren. Getrocknetes Fleisch und der Honig der Felsenbienen dienten dazu, die Jäger über diese Zeit hinwegzubringen. Erst beim Beginn der Trockenzeit konnten sie die verlassenen Gebiete wieder betreten und ihre Beschäftigungen dort wieder aufnehmen.

Völker, die sich in den Trockenhochwaldbergen der Jagd und dem Sammeln hingaben, waren die Paliyan in den Palnibergen, die Irulan in den Nilgiri, die Thai-Pa (Waldmenschen) im Laosgebiet Hinterindiens, die Takkui im Flußgebiet des oberen Song Giang, die Negrito[4]) (Aëta) auf den Philippinen, die Tandulanen (Igorotten) auf Palawan.

γ) In Uferwaldsteppen.

In den Uferwaldsteppen Afrikas fand man in der Nähe des Njarasasees die Kindiga und Ndorobohorden. Hier sind während der Trockenzeit nur wenige Tränken und Salzlecken, die das Wild aufsucht, seinen Durst zu stillen. Für den Jäger ist es dann verhältnismäßig leicht, Beute zu finden. Schon am frühen Morgen, wo das Wild am sorglosesten ist, zogen die Jäger in Trupps zur Tränke, suchten Deckung hinter Gezweig und erlegten das Wild mit Pfeil und Bogen; daneben besaßen sie Axt und Buschmesser. Schwieriger gestaltete sich die Jagd, wenn mit Eintritt der Regenzeit sich das Wild über die Steppe verbreitete und die Jäger ihm nachspüren mußten. Es begann eine Zeit der Not, über die trockenes Fleisch und Honig, den sie in Büschen fanden, die sie vorher mit primitiven Bienenkörben (Teilen ausgehöhlter Baumstämme) versehen hatten, hinweghalfen. Beeren und Knollen des Busches wollten in dieser Zeit nicht

---

[1]) Schweinfurth, G., Im Herzen von Afrika. Leipzig 1878. S. 313ff.

[2]) Panckow, H., Über Zwergvölker in Afrika und Südasien. Zeitschrift der Gesellschaft für Erdkunde. Berlin 1892.

[3]) Sarasin, Die Weddas von Ceylon. Wiesbaden 1893.

[4]) Blumentritt, F., Versuch einer Ethnographie der Philippinen. Petermanns Geogr. Mitteilungen. Ergänzungsheft 15. Gotha 1882.

Piehler, Br., Die Ajitas (Aëtas) der Philippinen. Globus 1909. Bd. II. S. 197.

recht schmecken. Als Jagdtiere kamen in Betracht: Schwarzferseantilopen, Wasserböcke, Elefant, Nashorn, Flußpferd, Wildschwein, Giraffe, Zwergantilopen, Hase, Strauß, ja selbst Raubtiere.

In ähnlichen Verhältnissen mögen in den Uferwaldsteppen Südamerikas im Maranhaogebiet Gês-Stämme gelebt haben.

In den Uferwaldsteppen Nordamerikas fand man die Chichimeken und Guachiles südlich vom Rio Santiago. Sie lebten während des größten Teiles des Jahres von den Früchten der Cactustuna, des Johannisbrotbaumes und der Agave. Sie trieben Jagd und auch Fischfang.[1]) Auf der Südspitze Kaliforniens lebten in gleichen Verhältnissen die Periku und Waikuri.

δ) In Trockengebieten.

Universale Sammler und Jägervölker fand man auch in vielen Trockengebieten, so in fast ganz Australien. Die Niederschläge sind gering und fallen ganz unbestimmt. Diesem Umstande mußten die Bewohner sich anpassen, indem sie sich dorthin begaben, wo Regen den Pflanzenwuchs förderte und die Flüsse vorübergehend speiste. Sie sammelten eßbare Wurzeln und Knollen, die unter den Sammelbegriff Jams fallen. An Tieren standen zur Verfügung: Opossum, Känguruh, Eidechsen und Schlangen, von denen besonders die fettreichen geschätzt wurden, ferner Enten, Emus und wilde Tauben. Die Jäger schlichen sich, hinter Büschen und Tussukgras[2]) Deckung suchend, an das Wild heran. Waren keine derartigen Gegenstände vorhanden, dann hielt man sich einen Zweig vor den Körper. Aus geringer Entfernung wurde mit Hilfe einer Schleuder der Speer auf das Wild geschleudert, während der Bumerang[3]) besonders zur Vogeljagd diente. Um bei ungünstigem Winde dem Wild keine Witterung zu geben, beschmierten sich die Jäger mit Schlamm.[4]) Dort, wo dieses Trockengebiet im Norden oder Süden an das Meer grenzt, lagen die Verhältnisse für die Sammler und Jäger wesentlich günstiger, weil sie Fischfang treiben und Strandkost sammeln konnten. Im Süden trat noch der Seehundsfang[5]) hinzu. Die Jäger gelangten zur Ebbezeit über Riffs, die zu den kleinen Inseln führten, auf denen sich der Seehund sonnte. Dort, wo Waldgebirge aus den Trockengebieten emporsteigen, wie die Macdonnellkette, waren infolge üppigerer Vegetation die Jagdverhältnisse besser als die der übrigen Teile des Trockengebietes. Hier lebten die Aranda und Dieri. Sie jagten das Felsenkänguruh, verdeckten Tränkplätze mit Buschwerk und stellten künstliche Wasserlöcher her, deren Wasser sie vergifteten. Vögel, die aus ihnen tranken, wurden betäubt und fielen den Jägern zur Beute.

An die geschilderten Trockengebiete stoßen im Süden Hartlaubgebiete, während die Trockengebiete im Osten des Kontinents in Steppen und Waldsteppen

[1]) Gomara, Cronica de la Nueva España; cap. 118.

[2]) Spencer, Baldwin, The native Tribes of Central-Australia. London 1899. S. 19.

[3]) Derselbe, S. 21.

[4]) Eylmann, Die Eingeborenen der Kolonie Südaustralien. Berlin 1908. S. 272.

[5]) Grey, George, Journals of two expeditions of discovery in North-West and Western Australia. London 1841. Bd. I. S. 278.

übergehen. In diesen Gebieten war der Pflanzenwuchs besser und daher der Tierreichtum größer. Hier waren Dauerflüsse, die sich durch Fischreichtum auszeichneten. So trieben die Australier im Murray ergiebigen Fischfang, bei dem sie im Flusse Steinwehren errichteten und diesen des Nachts mit Fackeln[1]) in Booten beleuchteten. Während der Mann auf Jagd ging, sammelte das Weib (Lubra) Beeren und Knollen. Auch bei den Kurnai spielte der Fischfang eine größere Rolle.[2]) Angebaut wurde im allgemeinen nicht; nur am Swan-River[3]), an der Brunswick-Bay und am Cloncurry-River[4]) pflanzte man in geringem Maße Jams an.

In den Trockengebieten Südafrikas fand man auch Völker, die Jagd und Sammelwirtschaft als Hauptwirtschaftsform trieben. In den Salzsteppen der Kalahari waren es die Buschmänner. Ihre Verbreitung war ehedem bedeutender als heute. Aus den Felszeichnungen[5]) dieses Volkes geht hervor, daß es früher auch Teile der Uferwaldsteppen besetzt hatte. Tausende von Tieren: Giraffen, Antilopen, Gemsen, Zebras, Elefanten, Rhinozerosse u. a. bevölkerten dies Gebiet und dienten als Jagdwild. Als Pflanzenkost hatte die Melone[6]) eine große Bedeutung. Als die Europäer in das Kapland kamen, hatten sich die Hottentotten bereits zwischen die Buschmänner geschoben, während von Osten her die Bantu kamen und die Buschmänner auf die Kalahari zurückdrängten. Hier lebten letztere unter bedeutend ungünstigeren Umständen. Das Großwild war seit der Invasion der Elefantenjäger stark reduziert, auch hatten die in den Steppen vorkommenden Melonen sehr abgenommen. Durch diese Umstände war ein Daueraufenthalt auf den Steppenplatten unmöglich geworden, und die Buschmänner mußten während der Trockenzeit die Okawangotalung aufsuchen.

In dem Trockengebiete an der Küste Südwestafrikas lebten die Küstenhottentotten[7]) als Jäger und Sammler. Sie erlegten Robben; beim Fischfange diente ihnen ein 4½ m langer Speer; mit Pfeil und Bogen töteten sie die Seevögel. Muscheln und Schnecken wurden an der ganzen Küste gesammelt.

Nördlich des Orangeflusses in den Anasbergen traf man die Bergdamara,[8]) die hauptsächlich von Wild, Heuschrecken, Beeren, Feldzwiebeln, Wassermelonen und Grassamen, den die Ameisen gesammelt hatten, lebten. Sie besaßen auch etwas Kleinvieh.

In dem Trockengebiete Nordamerikas lebten in dem Salzsteppenkettengebirgstafellande die Schoschonen und Schahaptin. Es stand ihnen ein sehr regenarmes Gebiet zur Verfügung. Größeres Wild war nicht vorhanden; nur das Kaninchen

[1]) Oberländer, Rich., Die Eingeborenen der australischen Kolonie Victoria. Globus 4. 1863. II. S. 241.

[2]) Howitt, The native tribes of South-East-Australia. London 1904. S. 761.

[3]) Grey, a. a. O. Bd. II. S. 12.

[4]) Burke's Reise durch das Innere von Australien im Jahre 1861. Petermanns Geogr. Mitteil. 8. 1862. S. 75.

[5]) Stow, George W., The native Races of South Africa. London 1905.

[6]) Passarge, S., Die Buschmänner der Kalahari. Berlin 1907. S. 75.

[7]) Schultze, Leonhard, Aus Namaland und Kalahari. Jena 1907. S. 185.

[8]) Irle, J., Die Herero. Gütersloh 1906. S. 149.

kam vor, und man konnte stellenweise etwas Fischfang treiben. Den Hauptteil ihrer Nahrung mußten sie dem Pflanzenreiche entnehmen; daher sah man sie beständig mit einem Grabstock umherziehen, mit dem sie nach Wurzeln gruben. Sie erwarben sich dadurch den Namen „Digger-Indians". Bisweilen begaben sie sich in die benachbarten Steppengebiete, um dort der Büffeljagd obzuliegen. Oft wurden sie jedoch von ihren Todfeinden, den Siksika (Schwarzfuß-Indianern), ihrer Beute beraubt und mit blutigen Köpfen heimgeschickt.

In den Trockengebieten auf der Halbinsel Kalifornien, in den Küstengebieten von Sonora am Golf von Kalifornien, sowie auf der Insel Tiburon lebten ebenfalls Völker als Jäger und Sammler. Diese Völker gehörten größtenteils den Sprachfamilien der Yuma und Pima-Naua an. Zu diesen kommen noch die Seri, die die Insel Tiburon und die östlich davonliegenden Küstenstriche innehatten. Von ihnen berichtet schon Alvar Nuñez Cabeza de Vaca[1]), der zuerst im April 1536 zu ihnen kam, daß sie keinerlei Anbau trieben, sondern sich von Binsenmehl und Strohmehl und von Fischen nährten, die sie von Flößen aus fingen. Kanus besaßen sie nicht. In seinen Noticias Estadisticas berichtet Valesco auf Seite 127—128, daß sie auch Rotwild erlegten.

ε) In Nadelwaldgebieten des Mittelgürtels.

Auch in den Nadelwaldländern des Mittelgürtels fand man Völkerschaften, bei denen Jagd und Sammelwirtschaft die Hauptwirtschaftsform bildeten. Diese Gebiete zeichnen sich durch einen kurzen Sommer und einen langen, kalten Winter aus; oft sind sie in eine ausdauernde Schneedecke gehüllt. Von dem Wechsel der Jahreszeiten wird die Wirtschaft stark beeinflußt, ebenso von dem verschiedenartigen Charakter der einzelnen Landschaftsteile. Es wechseln Tundrawald, Flechtenwald, Flachländer mit Bergländern, Waldgebirge mit Krummholz und Mattenstufen. Das ganze Gebiet ist mit Flüssen, Seen und Sümpfen durchsetzt.

In Nordamerika lebten in diesen Gebieten die Waldindianer, besonders athapaskische und algonkinsche Stämme, die keinerlei Anbau oder Viehzucht kannten, sondern sich mit Jagd und Sammelwirtschaft beschäftigten und nebenbei Fischfang trieben. In kleinen Teilen dieses Gebietes tauchte der Bison auf; jedoch waren das Ren, das Elen, das Bergschaf, der Biber und die Bisamratte die Hauptjagdtiere. Dem Renntier lauerte man auf, wenn es im Frühjahr nach der Tundra oder auf die Mattenstufe des Gebirges zog und im Herbst zurückkehrte. Durchschwamm es in Rudeln die Flüsse, dann erlegte man es vom Boote aus mit einem Speer. Da das Renntier[2]) seinen Weg zu wechseln pflegt, mußte der Jäger ihm nachspüren und wandern. Auch Wildzäune und Verhaue stellte man her, um das Wild in sie hineinzutreiben und hier in Massen erlegen zu können. Diese Jagdart war besonders auf New-Found-Land[3]) im Gebrauch. Im Winter verfolgte man Ren und Elen, wenn diese leicht in den Schnee einbrachen, auf

[1]) Mac Gee, Reports Vol XVII. S. 51. (Zur Abkürzung vergl. S. 86.)

[2]) Turner, Reports Vol. XI. S. 181.

[3]) Cartwright, Journal of transactions and events on the coast of Labrador. Newark 1792. I. S. 7.

Schneeschuhen. Die Ströme waren reich an Fischen, besonders, wenn die Lachse in ihnen emporstiegen. Im Winter fischten auch wohl Frauen und Kinder auf dem Eise, indem Löcher in dasselbe geschlagen wurden. Den Hasen und Schneehühnern stellten die Frauen Fallen. Als Pflanzenkost dienten Beeren, wie die Blau- und Preißelbeere; auch eine auf Felsen wachsende Flechtenart kratzte man ab und wußte aus ihr in Zeiten der Not eine nahrhafte Gallerte[1]) zu bereiten. Getrocknetes Fleisch und getrocknete Fische dienten als Vorrat für schlechtere Zeiten.

Auch in den Nadelwaldgebieten Asiens und seiner südlichen Übergangebiete, den Waldsteppen, trieben Teile einzelner Völker Jagd und Sammelwirtschaft als Hauptwirtschaftsform. Hier sind besonders die Phoken, Teile der Burjäten, Sojoten, der Tungusen (Biraren, Managiren, Orotschonen), Karakassen und Jakuten zu nennen. An manchen Stellen, besonders in den Waldsteppengebieten, trieb man jedoch nebenbei auch Renntierzucht.

ζ) In subpolaren Steppengebieten.

Zu den universalen Sammlern und Jägern können wir auch die Ona in dem subpolaren Steppengebiete der Osthälfte Feuerlands zählen. Sie jagten das Guanaco und Vicunna, sammelten Beeren und Knollen und zur Ebbezeit Strandkost; hierfür war besonders der Umstand günstig, daß der Unterschied zwischen Flut und Ebbe[2]) 13 m betrug und dadurch weite Strecken des Meeresbodens zur Ebbezeit trocken gelegt wurden. Für die Sammler bot sich dann eine reiche Ausbeute, die zum großen Teile aus Fischen bestand. Kanus für den Fischfang besaßen die Ona nicht.

η) In ozeanischen Waldländern.

Auf Tasmanien, das zu den ozeanischen Waldländern gehört, lebten die Tasmanier, die Jagd und Sammelwirtschaft ebenfalls als Hauptwirtschaftsform betrieben. Känguruh und Opossum wurden gejagt. Um ihnen nahezukommen, wandte man Feuerbrände und das Hinanschleichen an. Die Tiere wurden dann mit Speer und Wurfkeule erlegt, Bumerang und die Speerschleuder, die die australischen Stämme besaßen, sowie Bogen und Pfeil waren ihnen unbekannt. Die Frauen sammelten Früchte, Wurzeln und Pilze. An den Küsten spielte der Fischfang,[3]) das Sammeln von Strandkost und das Erlegen des Seehundes eine nicht unbedeutende Rolle, wenn dies auch von Cook geleugnet wird.

ϑ) In Tundragebieten.

Eine wichtige völkerkundliche Entdeckung der letzen Jahre machte Knud Rasmussen[4]), der in der Tundra Kanadas am Kazanflusse binnenländische

---

[1]) Die Tinne-Indianer. Globus 32. 1877. II. S. 359.

[2]) Agostini, A. de, Zehn Jahre im Feuerland. Leipzig 1924. S. 280.

[3]) Nixon, Cruise of the Beacon. London 1857. S. 26.
Labillardière, Relation du voyage à la recherche de la Pérouse. Paris 1791ff. I, 176, 189.

[4]) Rasmussen, Knud, Rasmussens Thulefahrt. Frankfurt a. Main 1926. S. 107ff.

Eskimostämme antraf, die als universale Jäger und Sammler zu bezeichnen sind. Sie überwintern in der Tundra. Renntiere, Vögel, Lachse und Beeren gewähren ihnen den Lebensunterhalt.

bb) Partikulare Jagd und Sammelwirtschaft.

Die partikulare Jagd und Sammelwirtschaft charakterisiert sich dadurch, daß sie sich auf ein Hauptnahrungsmittel stützt, das in überreichem Maße zur Verfügung steht. Bei den partikularen Jägern ist dies eine Wildart, bei den partikularen Sammlern eine Pflanze.

A. Vorwiegend Jäger.

Jäger auf Landsäugetiere.

α) In subtropischen und gemäßigten Steppengebieten.

Zu den partikularen Jägern gehören in erster Linie die Prärieindianer, die in den subtropischen und gemäßigten Steppen Nordamerikas lebten. Zu ihnen gehörten in der Nordprärie die Teton, Crow, Assiniboin und Siksika, in der Mittelprärie die Cheyenne und Arapaho, in der Südprärie die Komantschen und Kaiowä. Die Prärie ist eine wellige Grassteppe von gewaltiger Ausdehnung. Tief eingeschnittene Flußtäler mit lichtem Buschwald bringen eine gewisse Abwechslung in das Landschaftsbild. Heiße Sommer wechseln mit eisigen, stürmischen Wintern ab. Diese Steppe war das Lebensgebiet des Büffels (Bison americanus)[1]. Er lebte dort in vielen Millionen Exemplaren, die im Sommer in Gruppen von etwa 1000 Tieren in der Prärie verstreut waren. Im Spätherbst zogen sie nach dem wärmeren Süden, paarten sich und verbrachten dort den Winter, um sich im Frühjahr wieder nach Norden durch die ganze Steppe in einzelnen Herden zu verbreiten. Auf das Vorkommen des Büffels stützte sich die Existenz der Prärieindianer. Von jedem Tiere hatten sie 3 bis 4 Zentner Fleisch, das frisch, oder zu Mehl zerschlagen, mit Fett, Büffelmark und wilden Kirschen vermengt, eine bequem zu transportierende Dauerware (Pemmikan) bildete. Knochen und Haut lieferten das Material für viele Geräte der Jäger. Die Hauptjagd, die stammesweise betrieben wurde, fand im Sommer statt, während im Winter einzelne Gruppen wegen Pelzgewinnung nach dem Süden zogen. Das Gros der Indianer suchte im Winter in den tief eingeschnittenen Tälern Schutz vor den eisigen Stürmen. Als Behausung diente ihnen das mit Büffelhaut überspannte Spitzzelt. Bei der Büffeljagd gingen die Indianer äußerst raffiniert zu Werke. Sie trieben die Tiere in kilometerlange Steinhaufenreihen, die sich mehr und mehr näherten, und dann in einen eingehegten Raum, der sich gewöhnlich an einem Steilhang befand; in diesen stürzten die Tiere verwundet oder tot hinab. Oder man umstellte die Tiere mit einer Schützenkette, der man sie durch

[1]) Neuere Arbeiten über die Tierwelt Amerikas. III. Zur Geschichte des Bison americanus. Globus 33. 1878. I. S. 7.

als Wölfe[1]) verkleidete Treiber oder durch Anlegen eines Feuerkreises zutrieb, sodaß sie mit Bogen und Pfeil abgeschossen werden konnten. Als von Mexiko aus das Pferd in die Prärie überwechselte und dort verwilderte, eigneten es sich die Indianer an und konnten mit seiner Hilfe die Büffeljagd leichter gestalten. Als willkommene Ergänzung zur Fleischnahrung dienten Rüben, Pastinaken und die Camaspflanze, die von Frauen und Kindern mit dem Grabstock ausgehoben wurden, sowie vielerlei Beeren, zu deren Einsammlung sich die Stämme in die Beerengebiete begaben. Die pflanzlichen Nahrungsmittel wurden getrocknet und für den Winter auf Vorrat gelegt.

β) In Steppengebieten Südamerikas (von den subpolaren Steppengebieten bis zu den Galeriewaldsteppen).

Bis zu einem gewissen Grade finden wir ein Analogon zu den Prärieindianern bei den Steppenindianern des Südens von Südamerika. Zu den partikularen Jägern dieses Gebietes gehörten die Tehueltsche, Pueltsche, Ranquele, Huarpe, Tscharr uaund die Guaikurustämme, von denen uns die Abipón[2]) durch Dobrizhoffer geschildert sind. Das Jagdgebiet, das diesen Völkern zur Verfügung stand, enthielt im Süden Salzsteppen und Steppen, die im Westen in Waldsteppen übergingen, während im Norden, wo besonders die Guaikurustämme lebten, sich Uferwald- und Galeriewaldsteppen fanden. Hier lag das Chacogebiet[3]), von dem große Teile während der Regenzeit monatelang unter Wasser gesetzt wurden. In den Steppen lebten Guanaco, Vicunna und der amerikanische Strauß. Auf diese Jagdtiere stützte sich im wesentlichen die Ernährung der hier wohnenden Indianerstämme. Durch den Wechsel der Jahreszeiten veranlaßt, zogen die Tiere aus der Steppe in die Waldsteppe. Die größte Bedeutung hatte die Frühlingsjagd,[4]) die veranstaltet wurde, wenn sich die Steppe frisch begrünte und die Tiere sich in Herden zusammenscharten. Sie wurden umzingelt, durch Feuer erschreckt und mit Hilfe der Bolas erlegt. Beeren, Knollen und Wurzeln wurden von Frauen und Kindern eifrig gesammelt und dienten als Ergänzung zur Fleischnahrung. Auch der größte Teil dieser Stämme bemächtigte sich der Pferde, die ihnen eine größere Bewegungsmöglichkeit boten.

Jäger auf Seesäugetiere.

α) In subpolaren Wiesenländern.

Man kann die Völker, die großen Seesäugern nachstellten, auch wohl als Partikularjägor bezeichnen, wenn auch hie und da der Fischfang und die Landjagd nebenbei ausgeübt wurden. Solche Partikularjäger fand man in den subpolaren

[1]) Catlin, Georg, Illustrations of the manners, customs, and conditions of the North American Indians. London 1844. Bd. I. S. 254.

[2]) Dobrizhoffer, M., Geschichte der Abiponer. Wien 1783/84. Bd. II. S. 138, 162, 184.

[3]) Das Wort *chaco* stammt aus dem Quinchua. Es bezeichnet die großen Herden von Guanacos und anderen Tieren, die zur Jagd zusammengetrieben wurden (Waitz S. 433).

[4]) Guinnard, A., Gefangenschaft und Abenteuer bei den Patagoniern. Globus 1. 1862. I. S. 265ff.

Wiesenländern auf den Aleüten, auf der Halbinsel Alaska, der Insel Kadiak und der Südspitze Grönlands.

In diesen Gebieten herrscht Winter und Sommer ein nebeliges, nasses Klima.[1]) Der Eisboden fehlt. Statt Flechten und Zwerggesträuch bedecken Wiesen die Hänge. Moosmoore erfüllen die Täler und Niederungen. Das Meer friert nie zu.

Auf den Aleüten wohnten die Unungen, die ihren Lebensunterhalt durch Jagd auf Wale, Walrosse und Seehunde erwarben. In Kajaks und Baidaren durcheilten sie pfeilschnell das Meer. Den Seehund tötete man mit Harpunen; den Wal verwundeten sie mit Speeren, deren Obsidianspitzen im Körper zerbröckelten, Entzündungen verursachten und nach dreitägiger Krankheit das Tier töteten. Nur die angetriebenen Tiere gelangten in den Besitz der Jäger. Diese Art der Jagd bot den Vorteil, daß die Tiere nicht verscheucht und auseinandergejagt wurden. Für den Menschen war der Walfang die Hauptquelle der Ernährung. Er lieferte ihm Fett als Nahrung, sowie Speck für Heizung und Beleuchtung während der Winterzeit. Solche Bootjagden auf Seesäuger fanden im Sommer statt, während im Winter oft Stürme und Nebel diese Jagd verhinderten. Auf den größeren Inseln der Aleüten kam das Renntier vor, das gejagt wurde. Auf einigen Inseln gab es Vogelnistplätze. Dort fing man Vögel, besonders Alken, mit Netzen und sammelte Eier und Nestjunge. Auch Strandkost — Muscheln und Krabben — wurde gesammelt und bot in Zeiten der Not einen Anhalt.

Auf der Halbinsel Alaska und auf der Insel Kadiak lebten Eskimos; bei ihnen spielte die Jagd auf Seesäuger, die sie in Kajaks ausführten, eine Hauptrolle. Die Tschugatschen und Ugalenzen hatten dieselbe Beschäftigung; doch fuhren sie im Sommer mit ihren Booten auf den Flüssen in das Nadelwaldgebiet, um in den Flüssen zu fischen und in den Wäldern Renntiere zu erlegen.

An den Küsten der subpolaren Wiesenlandgebiete Grönlands konnten die Eskimos auch im Winter die Jagd auf Seesäuger ausüben. Das Meer friert dort nicht zu, wenn auch der Meeresstrom Packeis an den Küsten vorüberführt. Der Fischfang spielte in Südgrönland keine große Rolle. Als Pflanzenzukost sammelte man Sauerampfer, mancherlei Wurzeln und Knollen, Himbeeren und Blaubeeren.

β) In Tundragebieten.

Als partikulare Jäger muß man auch die Eskimos bezeichnen, die in den Tundragebieten Grönlands, Nordamerikas und am Kap Deschnew lebten. Sie hielten sich größtenteils an den Küsten, wo sie der Jagd auf Seesäugetiere oblagen. Die hier wechselnden Eisverhältnisse[2]) waren für die Jäger von ausschlaggebender Bedeutung (Fig. 1). An Winterlückeneisküsten war es möglich, auch im Winter Jagd auf Seesäuger auf dem Wasser zu treiben, während die Eisjagd geringere Bedeutung hatte. An den Wintereisküsten konnte die Winterjagd auf dem Eise ausgeführt werden, während die Sommerjagd, wenn die Küste eisfrei war oder doch nur Treibeis zeigte, im Kajak ausgeübt wurde. An den Sommerlückeneisküsten konnte man während des Sommers unter Benutzung der Lücken der Jagd

[1]) Harriman, Alaska Expedition. New York 1902—1904.

[2]) Boas, Reports Vol. VI. S. 460.

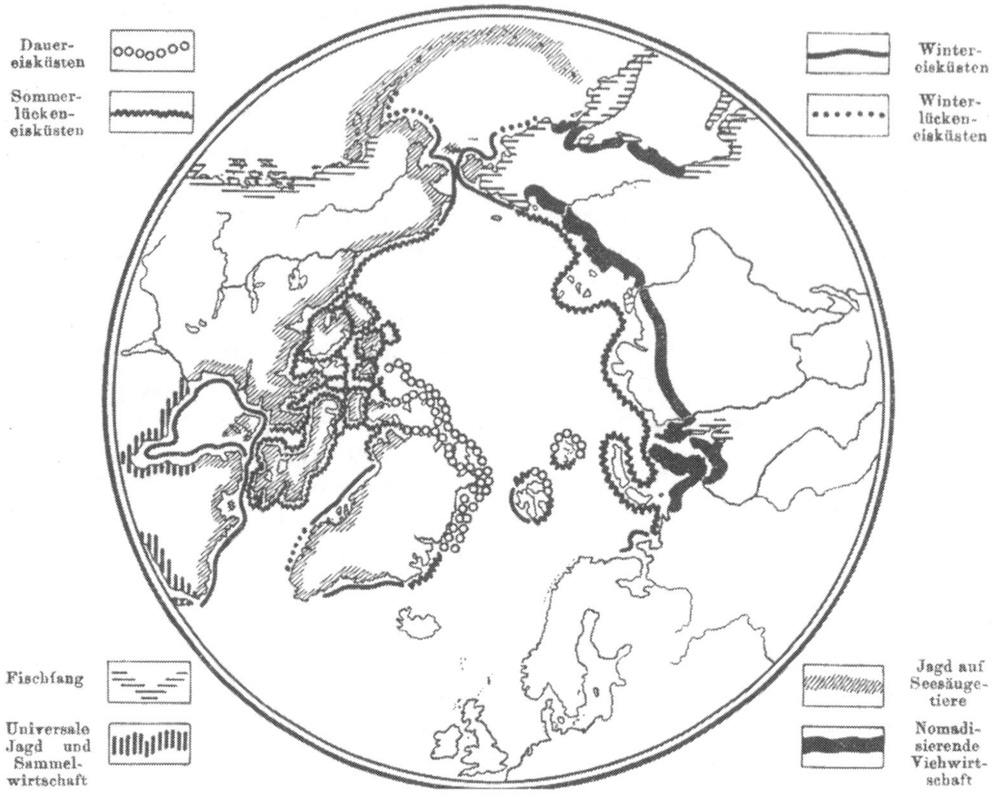

Fig. 1.
Eisverhältnisse und Hauptwirtschaftsformen an den Küsten der nördlichen Polarkappe.

in Booten nachgehen; im Winter trieb man da, wo sie glatte Eisflächen gebildet hatten, die Eisjagd. Die Dauereisküsten waren für derartige Jagden nur während des Sommers und selten brauchbar. Bei der Seejagd[1]) benutzte man den Kajak oder das Frauenboot *(umiak)*, mit dem man auf das Meer hinausfuhr. Mit Harpunenpfeilen aus Holz und Knochen, die mit einem Wurfholz geschleudert wurden, erlegte man die Seesäuger. Die Eisjagd wurde an Löchern[2]) ausgeübt, nach denen die Tiere kamen, um Luft zu schöpfen.

In solchen Tundragebieten, die von Fremdlingsflüssen durchzogen werden, fuhren die Eskimos im Sommer mit ihren Booten diese hinauf, um dem Lachsfang nachzugehen. Man stellte auch wohl dem Renntier und dem Moschusochsen nach. Diese beiden Tiere wurden auch von den grönländischen Eskimos am Smithsund gejagt, während letztere auch an den Vogelnistplätzen Beute such-

[1]) Saabye, Hans Egede: Bruchstücke eines Tagebuches, gehalten in Grönland 1770—78. Hamburg 1817. S. 20.

[2]) Derselbe. S. 24.
Murdoch, Reports Vol. IX. S. 268.
Hall, Life with the Esquimaux. London 1865. S. 182.

ten. Jagd auf Seesäuger trieben sie nicht auf dem Wasser, da ihnen Boote fehlten, die sie erst später von den amerikanischen Eskimos erhielten.

In den Tundraländern wird die Jagd der Bewohner alljährlich durch die Polarnacht lahmgelegt. Da, wo Gletscher die Tundrastufe überwältigt haben, ist der menschlichen Tätigkeit überhaupt eine Grenze gesetzt. In Nordgrönland war es der Humboldtgletscher, der ein weiteres Vordringen unmöglich machte.

B. Vorwiegend Sammler.

α) In Hartlaubgebieten.

Zu den Partikularsammlern gehören die kalifornischen Indianer[1]), vor allem die Pomo, Maidu und Miwok. Ihre Wirtschaftsführung stützte sich auf das Einsammeln einer Pflanzenfrucht, der Eichel[2]), die in überreichem Maße vorhanden war. Ihre Wohnsitze hatten sie in dem Hartlaubgebiete des kalifornischen Längstales. Dies Gebiet bildet eine Parklandschaft mit Gras- und Kleefluren und Wildhaferwiesen, in die Eichenhaine eingestreut sind; auch die Vorhügel der Gebirge tragen Eichen- und Kastanienwälder. Etwa 10 bis 12 Sorten riesig entwickelter Eichbäume wachsen in Hainen und Wäldern und tragen so reich, daß eine gute Ernte einen Vorrat für 2 bis 3 Jahre ergiebt. Die starken Bestände und die große Zahl der Arten verhindern eine gleichzeitige Mißernte aller Bäume. Die Eichel ist leicht zu ernten. Männer und Knaben erkletterten die Bäume und schlugen die Früchte ab, während Frauen und Mädchen sie in Körbe einsammelten. Die Eicheln wurden getrocknet und zu Mehl verarbeitet; der Bitterstoff wurde durch Übergießen mit heißem Wasser entfernt. Aus dem Mehl wurde Brei und Brot hergestellt. Bei Vollernte genügten die Früchte von 4 bis 5 Eichbäumen, eine Familie für ein Jahr zu versorgen. Als Beikost kamen in Betracht: die Samen von Gräsern, die Zapfen von Nadelbäumen, die Früchte der Roßkastanie, Zwiebelknollen verschiedener Art, Beeren, sowie blühender Klee, den die Wintunkinder frisch vom Stengel aßen. Um Fleischkost zu gewinnen, wurde gelegentlich Jagd und Fischfang getrieben. Da die Eichelnahrung auf verhältnismäßig geringem Raume gewonnen werden konnte, hatten die kalifornischen Indianer wenigstens im Winter feste Wohnsitze. Anbau wurde überhaupt nicht getrieben.

β) In subtropisch gemäßigten Nadelwaldländern und subtropischen Waldsteppengebieten.

Als Partikularsammler sind auch die Indianerstämme anzusehen, die in der Nähe der kanadischen Seen lebten. Im Überschwemmungsgebiete derselben gedieh der wilde Reis, den sie über ihre Birkenrindekanus bogen und gleich ausschlugen)[3]. Er bildete die Grundlage ihrer Ernährung. Daneben wußten sie sich allerlei Zukost zu verschaffen, wie Blaubeeren, Wurzeln, Zuckersaft, den sie

---

[1]) Die kalifornischen Indianer. Globus 8. 1865. II. S. 88.

[2]) Krause, Fritz, Die Kultur der kalifornischen Indianer. Leipzig 1921. S. 42.

[3]) Catlin a. a. O. Bd. II. S. 208.

durch Anzapfen der Ahornbäume gewannen, und als Fleischkost Fische und Rotwild. Es bestand keinerlei Anbau. Zu den Wild-rice-Indians[1]) gehörten hauptsächlich Odschibwä, Menomini[2]) und Dakota; letztere gingen, als sie das Pferd bekamen, zur Büffeljagd über, wenn auch der Reis weiterhin noch eine große Rolle in ihrem Lebenshaushalte spielte.

γ) In subtropisch gemäßigten und gemäßigten ozeanischen Waldländern.

In Südamerika können wir Teile des Araukanerstammes der Pehuentschen als Partikularsammler bezeichnen. Sie wohnten in den subtropisch-gemäßigten und gemäßigten ozeanischen Waldländern. In den Waldländern wuchsen Araukarien, deren Nüsse die Ernährungsgrundlage für die Pehuentschen (Fichtennadelmänner) bildeten. Sie bereiteten aus den Fichtennüssen Mehl. Daneben wurde auch Jagd betrieben.

b) Jagd und Sammelwirtschaft als wichtige Ergänzungswirtschaftsform.

Oft wird neben dem Fischfang als Hauptwirtschaftsform Jagd und Sammelwirtschaft getrieben. Es verbinden sich auch beide oft mit dem Pflanzbau als Hauptwirtschaftsform. Neben dem Pflugbau spielen Jagd und Sammelwirtschaft im allgemeinen nur eine geringe Rolle, während sie bei der Viehwirtschaft als Hauptwirtschaftsform an manchen Orten wieder eine größere Bedeutung haben. Auf diese Verhältnisse wird an den betreffenden Stellen hingewiesen werden.

2. Fischfang.

a) Als Hauptwirtschaftsform.

α) In ozeanischen Waldländern.

Fischfang als Hauptwirtschaftsform wurde in den ozeanischen Waldländern Amerikas getrieben. Es sind dies Gebirgsfjordküsten. Hinter schmalen Strandstufen erhebt sich steil das Gebirge, auf dem im Norden dichter Nadelwald, im Süden immergrüner Laubwald vorherrscht, den schnell fließende Gebirgsbäche durcheilen. Über dem Walde erhebt sich die Krummholz- und Mattenstufe. Die beständig wehenden Westwinde führen viel Regen heran. Daher ist das Klima überaus feucht; die Winter sind in diesen Gebieten Nordamerikas kalt, die Sommer naß. In den ozeanischen Waldländern Südamerikas sind die Winter mild, die Sommer kühl.

In Nordamerika wohnten in diesen Gebieten die nordwestamerikanischen Indianer. Zu ihnen gehören die Tlingit[3]), die Tsimschian, die Haida, Wakasch und Selisch. Die Lebensweise dieser Stämme war auf den Fischfang[4]) eingestellt.

[1]) Jenks, Reports Vol. XIX.
[2]) Hoffman, Reports Vol. XIV. S. 290.
[3]) Krause, Aurel, Die Tlinkit-Indianer. Jena 1885.
[4]) Elliot, Henry, W., An arctic Province. Alaska and the Seal-Islands. London 1886. S. 55.

Auf den Strandstufen hatten sie Winterdörfer, die aus Holzhäusern bestanden. Wegen des Sauerstoffreichtumes waren Meer und Gewässer außerordentlich fischreich. Lachse, Heringe, Dorsche, Heilbutte und Forellen kamen in Mengen vor. Man erlegte die Tiere mit Keulen und Speeren und errichtete auch Wehre. Im Winter pflegte man den Fischfang an der Küste in der Nähe der Winterdörfer, während man im Sommer auf Einbäumen und Kanus den Lachsen auf den Gebirgsflüssen folgte, soweit diese befahrbar waren. Die große Bedeutung, die man dem Fischfang beilegte, ergibt sich aus dem Umstande, daß man die Namen der Monate[1]) nach den Fischen benannt hatte, die in dem betreffenden Monate vorkamen, sowie aus dem Umstande, daß man die Fische trocknete und große Vorräte für den Winter anlegte. Frauen und Kinder sammelten im Sommer Äpfel, Beeren, Wurzeln, Farnkraut und Strandkost. An der Küste wurde die Seehundsjagd in einem mit vier Männern besetzten Kanu betrieben. Im Winter erstiegen auch wohl einzelne Männer die Mattenstufe, um Rotwild zu jagen. Sie errichteten sich dort für eine Zeit von etwa sechs Wochen Berghütten.[2]) — Der Anbau war ihnen fremd.

In den ozeanischen Waldländern Südamerikas lebten die Feuerländer,[3]) zu denen die Yahgan, Aikuluf und Tschono gehörten. Ihr Lebensgebiet reichte vom Feuerlande bis zur Insel Chiloe. Auch bei ihnen war der Fischfang die Hauptwirtschaftsform. Unter den amerikanischen Völkern standen die Feuerländer auf der primitivsten Stufe. Sie errichteten am Strande äußerst einfache Hütten; den weitaus großten Teil des Jahres verbrachten sie als Wassernomaden. Eine wichtige Rolle spielte bei ihnen ein Boot, das aus 5 bis 7 Stücken Buchenrinde bestand, die durch Fischbein zusammengehalten, mit Gras und Harz gedichtet und mit Holzteilen spantenartig ausgelegt war. Während Frauen das Ruder führten, fischte der Mann, entfernte das Bootwasser und unterhielt das auf einem Erdhaufen im Boote brennende Feuer, um es vor dem Verlöschen zu schützen. Magalhães, der dies auf seiner Weltreise beobachtete, nannte die südliche große Insel deshalb Tierra de los fuegos. Die Fische wurden gespeert und mit Ködern gefangen. Die Frauen sammelten zur Ebbezeit Strandkost (Schnecken, Muscheln), Beeren, Wurzeln, Löwenzahn und manches andere. Die Männer suchten gelegentlich auch wohl einmal die Matten auf, um hier das Guanaco mit dem Speer zu erlegen. Ein besonderes Fest war es, wenn Seehunde erlegt wurden oder ein Wal antrieb, von dessen Speck man große Stücke im Sande zu vergraben pflegte. Bogen und Pfeil, Schleudern und Bolas haben die Yahgan und Aikuluf wohl erst von den Ona übernommen, während sie den Tschono gänzlich fehlten. Auch bei den Huillitsche auf der Insel Chiloe und in den gegenüberliegenden Küstengebieten war der Fischfang die Hauptwirtschaftsform.

---

[1]) Boas, Reports Vol. XXXI. S. 399.

[2]) Derselbe S. 402.

[3]) Parker Snow's Voyage to the South Seas and Tierra del Fuego. London 1857. Vol. II. S. 358.

Darwin, Charles, Reise eines Naturforschers um die Welt. Leipzig 1909. S. 129.

Cook, James, A Voyage towards the South Pole and round the World. London 1779. S. 183—187.

β) In Hartlaubgebieten.

Im südlichsten Teile des nordamerikanischen Hartlaubgebietes saß an der Küste und auf einigen Inseln, wie St. Barbara, das Fischervolk der Tschumaschen; von ihren seetüchtigen Booten mit Plankenaufsatz wurden sie auf das Meer hinausgetragen und gingen dort dem Fischfang, sogar der Hochseefischerei nach. Von den Forschern werden sie als Ausläufer der nordwestamerikanischen Indianer betrachtet.

Auch in Nordasien und Nordostasien fand man Völker, bei denen der Fischfang die Hauptwirtschaftsform darstellte. Teils wohnten sie an der Küste, teils an den Strömen und Seen des Binnenlandes. Im letzteren war die Landschaft für die Wirtschaftsform von ausschlaggebender Bedeutung. Es kam vor, daß Teile desselben Volkes eine andere Wirtschaftsform hatten als die anderen. Während die Gebiete an großen Flüssen und Seen zum Fischfang anregten, traten in den Nadelwäldern Jagd und Sammelwirtschaft in den Vordergrund; auf den Matten und in den Steppengebieten blühte die Renntierzucht.

γ) In den Monsunwaldländern des Mittelgürtels.

In den Monsunwaldländern des Mittelgürtels in Nordostasien trieben Fischfang als Hauptwirtschaftsform die Itelmen auf Kamtschatka, die Korjäken an den nördlichen Ausläufern des Ochotskischen Meeres und im Westen desselben Teile der Tungusen, am mittleren Amur die Golden, am Unterlaufe des Flusses die Oltscha, Oroken und Giljaken.[1]) Oroken und Giljaken fand man auch auf der nördlichen Hälfte Sachalins, während auf der Südhälfte dieser Insel, auf den Kurilen und der Nordhälfte Jessos die Aïno saßen. Das Klima dieser Gebiete ist wesentlich durch die Monsunwinde bestimmt: im Winter kommen diese aus Nordwesten und sind kalt, und da von der See her Zyklone wehen, entstehen starke Schneefälle, sodaß weite Landstrecken monatelang unter der Schneedecke begraben sind; im Sommer herrscht vom Meere her der Südostmonsun, der die Schneedecke schnell zum Schmelzen bringt und zu Anfang des Sommers viel Feuchtigkeit herbeiführt. Alles begrünt sich im Frühjahr schnell, die Laubbäume erhalten ein neues Kleid. Wenn sie im Winter unbelaubt dastehen, ziehen auf den höheren Stufen Nadelwälder ein grünes Band durch die Landschaft. Der Sommer bringt den niederen Gebieten eine unausstehliche Mückenplage, vor der die Tiere nur Schutz auf den Matten finden. Wenn zur Zeit der Schneeschmelze das Grundwasser stieg, waren die hier wohnenden Völker gezwungen, die Erdjurten, die sie im Winter bewohnen, zu verlassen. Sie begaben sich an die aufgetauten Flüsse, um hier dem Fischfange nachzugehen; besonders reiche Beute ergaben die Lachszüge, die im Sommer in den Flüssen erschienen. Große Mengen dieses Fisches wurden getrocknet, um als Wintervorrat Verwendung zu finden. Das Fleisch dieser Tiere diente nicht nur dem Menschen, sondern auch den Hunden zur Nahrung; aus der Lachshaut fertigte

[1]) Schrenck, Leopold von, Reisen und Forschungen im Amurlande. St. Petersburg 1891. Bd. III. S. 319 ff.

man Fischhautkleider, die Schutz vor dem regnerischen, feuchten Klima boten. An den Küsten des Festlandes und der Inseln trieben diese Völker nebenbei Seehundsfang; ein angetriebener Wal wurde auch als willkommene Beute angesehen. Frauen und Kinder sammelten im Herbst in den Wäldern, wo Zelte aufgeschlagen wurden, Beeren, besonders Preißelbeeren, Hagebutten, Fichtennüsse, Wurzeln, Zwiebelgewächse und die Blätter mancher Pflanzen. Diese Pflanzenkost wurde mit Gras bedeckt, in gefrorenem Zustande aufbewahrt und, mit Tran zubereitet, doch ohne Salz, genossen. Anbau war nicht üblich; doch hatten die Aïnos[1]) auf Jesso etwas Anbau von den dort eingedrungenen Japanern angenommen, während bei den Oroken vereinzelt die Renntierzucht Eingang gefunden hatte.

δ) In den Tundragebieten.

An den Küsten der Tundragebiete Asiens galt bei den Küstentschuktschen und Küstenjukagiren der Fischfang als Hauptwirtschaftsform.

ε) In Nadelwaldgebieten.

Im 16. Jahrhundert drangen die Russen über den Ural und besetzten bei Jekaterinburg sibirische Gebiete. Die dort als Jäger und Fischer lebenden kleinen Stämme zogen sich in die sumpfigen Nadelwaldgebiete zurück, die sich zwischen Ob, Irtysch, Jenissei, sowie der oberen und unteren Tunguska ausbreiten. Man fand dort die Wogulen,[2]) Wogulitschen, Teile der Tataren, Ostjaken und die Jenisseier. Diese Sumpfwaldgebiete sind von vielen Flüssen durchzogen, und es befinden sich dort viele Seen. Die Gewässer sind äußerst fischreich. Die Seen bergen große Mengen von Karauschen;[3]) in den Flüssen erscheint der Lachs. Großwild ist in vielen Teilen dieser Gebiete wenig vorhanden; dagegen zeigen sich viele Wasservögel. Das Renntier erscheint nur vereinzelt auf trockenen Morastinseln. Daher mußten denn die genannten Völker sich hauptsächlich auf den Fischfang legen, der ihnen auch die Möglichkeit bot, sich für den Winter große Vorräte zu sammeln. So kann man denn auch diese Völker als echte Ichthyophagen bezeichnen.

ζ) In tropischen Regenwaldgebieten und Galeriewaldsteppengebieten.

Ausgesprochene Fischervölker fand man auch auf einzelnen Inseln Südasiens, die landschaftlich zu den tropischen Regenwaldgebieten und den Galeriewaldsteppengebieten gehören. Auf den Andamanen waren es die Minkopi, auf den Merguiinseln die Selon, die Orang-Laut auf Banka, Billiton und den Nachbarinseln, und die Badscho auf Borneo. Diese Völker trieben Hochseefischerei und waren gelegentlich auch Seeräuber. Forscher berichten über die Selon, daß sie

[1]) Das Volk der Aïnos auf der japanischen Insel Jesso. Globus 6. 1864. Bd. II. S. 87.

[2]) Kohn, Albin, und Andree, Rich., Sibirien und das Amurgebiet. Leipzig 1876. S. 25ff. Ethnographische Schilderung der Wogulen. Globus 8. 1865. Bd. II. S. 116.

[3]) Czekanowski, A., über seine Erforschung der unteren Tunguska im Jahre 1873. Globus 31. 1877. I. S. 263.

sich 6 bis 10 m lange Boote bauten, auf denen sie Mattenhäuser errichteten. Auf den Booten verbrachten sie den größten Teil des Jahres, indem sie fischten und der Seejagd nachgingen; letztere brachte Schildkröten und das Fleisch der Seekuh. Unter den Fischen war es besonders eine Rochenart, die sie trockneten und für die Zeit des Südwestmonsuns aufbewahrten, da sie während derselben an Land auf Pfahlbauten wohnten. Nebenbei wurden Strandkost, Beeren und Wurzeln gesammelt.

Die Orang-Sleta, Orang-Beduanda Kallang in Dschohor und Singapur, sowie ein Teil der Akit auf Sumatra gingen dem Fischfang auf Flüssen und Mongrovesümpfen nach.

Auf manchen Inseln der Südsee trat die Fischerei so stark hervor, daß man im Zweifel darüber sein könnte, ob diese oder der Anbau als Hauptwirtschaftsform anzusehen sei. Solche Gebiete sind jedoch in dieser Abhandlung dem Pflanzbau als Hauptwirtschaftsform zugerechnet.

In Afrika trieben auch einzelne Stämme hauptsächlich Fischfang. Er mußte aber hier schon als Stammesgewerbe betrachtet werden.

b) Fischfang als wichtige Ergänzungswirtschaftsform.

Als wichtige Ergänzungswirtschaftsform spielte der Fischfang neben Jagd und Sammelwirtschaft an vielen Orten eine wichtige Rolle. Auf dieses Verhältnis wurde bereits hingewiesen; auch neben dem Anbau und der Viehwirtschaft kam er hie und da vor. Diese Verhältnisse kommen in vorliegender Arbeit noch zur Behandlung.

B. Kultivierende Wirtschaftsformen.

1. Bodenkultur.

a) Pflanzbau.

aa) Pflanzbau (einschl. Baumkultur) als Hauptwirtschaftsform.

A. Als Dauerfeldbau.

α) In tropischen Regenwaldländern.

Als die außereuropäischen Völker in den Gesichtskreis der Europäer traten, waren die meisten von ihnen bereits von der aneignenden Wirtschaftsform zur kultivierenden übergegangen. Wir wollen uns zuerst mit dem Feldbau, und zwar dem Pflanzbau, beschäftigen. Unter Pflanzbau begreifen wir die Art des Feldbaues, bei der man sich des Pflanzstockes, des Grabstockes, der Hacke oder des Spatens bedient, sowie die Baumkultur. Man unterscheidet verschiedene Arten des Pflanzbaues. Wir beginnen mit dem Pflanzbau als Dauerfeldbau. Derselbe wurde klimatisch in den tropischen Regenwaldländern ermöglicht. Es lassen sich zwei wesentlich verschiedene Wirtschaftsgebiete unterscheiden, und zwar das Tieflandgebiet und die Nebelwaldstufe. Ersteres wird vielfach, wie das Amazonasgebiet, Teile im Kongogebiet und auf Nordsumatra, von großen Strömen durchzogen. Diese ermöglichten es dem Menschen, in die mit dem üppigsten Pflanzenwuchse gesegneten Urwaldgebiete einzudringen, während er auf den hohen Uferwällen seine Behausung, vorzugsweise Pfahlbauten, errichtete. Seine Felder legte er auf den nicht der Überschwemmung ausgesetzten Urwaldplatten an. Um Platz für die Felder zu schaffen, mußte der Mensch Teile des Urwaldes entfernen. Mit seinen primitiven Werkzeugen schlug er eine Anzahl kleinerer Bäume nur an, die dann von den nachher gefällten Urwaldriesen im Falle mitgerissen wurden. Waren die niedergelegten Stämme einige Monate hindurch dem Sonnenbrande ausgesetzt gewesen und trocken, so zündete man sie an und ließ sie verbrennen. So vermehrten noch Asche und Kohle den an sich schon fruchtbaren, oft tiefgründigen Alluvialboden. Auf solchen Feldern wurden vorwiegend Knollengewächse und Fruchtbäume, weniger Cerealien, angebaut. Die Aruaken[1]) im Gebiete des Amazonenstromes kultivierten die giftige Manioka, die drei Jahre zur Entwicklung bedarf und deren Blausäure sie durch Auspressen und Auswaschen entfernten, die Balolo[2]) am Kongo Jams und Bananen, Stämme auf Sumatra außer Jams und Bananen noch die Sago- und Kokospalme. Jams, Bananen, Sago- und Kokospalme wurden auch in einzelnen Teilen von Celèbes, auf den Molukken von den Alfuren, auf Neuguinea und im Bismarckarchipel angebaut. Da die üppigen Urwaldgebiete dem Vordringen des Menschen große Schwierigkeiten entgegensetzten, suchte er seine Felder unter Umständen in solchen Gebieten anzulegen, die einen weniger üppigen Pflanzenwuchs zeigten. So legten die Lacandonen[3]) in Mittelamerika ihre Mais- und Bohnenfelder in Lichtungen und Niederungen an, die vorübergehend überschwemmt wurden und deshalb keine Bäume, sondern nur Schilfgräser und Bambusen trugen. In Melanesien, wo auf vielen Inseln Korallenkalkstufen entwickelt sind, legte der Mensch auf diesem wenig verwitterten, roten Boden seine Felder an und verzichtete auf die fruchtbareren Urwaldstrecken. Aus demselben Grunde siedelten sich die Tupi[4]) auf dem schmalen Landstreifen an, der in den tropischen Gebieten der atlantischen Küste liegt und lichte Buschwälder, trockene Grasfluren, nasse Wiesen und Sümpfe aufwies. Der Grund, den Urwald zu meiden, trug auch dazu bei, daß die Pangwe[5]) in Westafrika ihre Jams-, Zuckerrohr-, Bananen- und Erdnußfelder auf kalkhaltigen Böden anlegten. In tropischen Regenwaldgebieten meidet der Mensch die Dauersümpfe. So ist ein auf den Salomoninseln und dem Bismarckarchipel der Küste vorgelagerter, mehrere Kilometer breiter, mit Urwald bedeckter Dauersumpfwaldstreifen von der Bevölkerung nicht angebaut.

---

[1]) Schmidt, Max, Die Aruaken. Ein Beitrag zum Problem der Kulturverbreitung. Leipzig 1917.

[2]) Johnston, H. H., Der Kongo. Leipzig 1884.

[3]) Sapper, Karl. Das nördliche Mittelamerika. Braunschweig 1897. S. 260f.

[4]) Laet, de, Novus orbis seu descriptio Indiae occidentalis. Lugduni Bat. 1633.
Staden, H., Wahrhafte Historia und Beschreibung einer Landschaft der Wilden in Amerika. Marburg 1557. 10. 36.

[5]) Teßmann, Günter, Die Pangwe. Berlin 1913. S. 85ff.

Erst auf dem Hochplateau finden wir zahlreiche Siedlungen mit Gärten und Feldern.[1])

Auch im Bergwald der tropischen Regenwaldländer wurde an manchen Stellen Waldrodungskultur getrieben. So bauten die Toradja, die Bugi, die Minahasser und große Teile der Toála[2]) auf Celèbes, sowie die Dajak[3]) und viele malaiische Mischstämme auf den östlichen Molukken (Voorwal), die Anamiten[4]) an der Ostküste Hinterindiens, die Howa im östlichen Madagaskar, einzelne indische Stämme im westlichen Teile der Westghats, manche malaiische Stämme auf Malakka und im westlichen Teile Hinterindiens im Bergwalde Bergreis an. Die Waldrodungen nannten die Malaien *ladang*, die Birmanen *taungya* „Berggarten", und die Anamiten *rai*. Es ist eine Erfahrungstatsache, daß sich der Boden der Waldrodungskulturen mit den Jahren einerseits erschöpft, andererseits durch Aufschlag unbrauchbar wird. Tritt dieser Fall, in der Regel in spätestens 5 bis 6 Jahren, ein, so muß man neue Rodungen vornehmen. Nur ganz vereinzelt wandte man die Brache an, so z. B. die Bevölkerung von Bogadjim[5]) an der Nordküste Neuguineas. Die Ekoi[6]) am Croßfluß in Kamerun trieben bereits intensive Wechselwirtschaft, die es ihnen ermöglichte, dieselbe Pflanzung acht Jahre lang in Betrieb zu halten. In dem zu den tropischen Regenwaldländern gehörenden Melanesien war zum Anbau von Taro die Grubenkultur im Gebrauch. Eine genauere Beschreibung dieser Kultur soll später folgen.

Das zweite, wichtige Wirtschaftsgebiet finden wir in den tropischen Regenwaldländern da, wo höhere Gebirge aufsteigen. Es ist dies das Gebiet des Nebelwaldes. Er zeichnet sich aus durch Feuchtigkeit, ist aber bedeutend lichter als der Urwald der Ebene und ermöglicht daher leichter Rodungskulturen. Auf der Nebelwaldstufe Neuguineas fand Detzner Inlandpapuastämme,[7]) die noch vollständig in der Steinzeit lebten und von den Küstenstämmen völlig isoliert waren. Jede Kuppe, jede Nullebene trug ein Gehöft und wies äußerst sauber gehaltene Felder auf.

Viele Indianer[8]) Mittelamerikas hatten ihre Wohnsitze auf der Nebelwald- und Hochweidenstufe, wo sie Pflanzenbau trieben. Der Mais, den sie hier anbauten, benötigte 9 bis 10 Monate zu reifen; infolgedessen legten sie auch im Tieflande Maisfelder an, die schon in 3 bis 4 Monaten die Frucht zur Reife brachten.

Im Nebelwalde und auf den angrenzenden Hochweiden lebten in den Kordilleren des heutigen Kolumbiens die Chibcha. Mais, Kartoffeln, Bataten, Arracacha

---

[1]) Thurnwald, Rich., Forschungen auf den Salomoinseln und dem Bismarckarchipel. Berlin 1912. Bd. II.

[2]) Sarasin, P. u. H., Über die Toála von Süd-Celèbes. Globus 83. 1903. I. S. 277.

[3]) Wallace, Alfr. Russell, Der malaiische Archipel. Braunschweig 1869. Bd. I. S. 99.

[4]) Seidel, Cupets Reise zu den wilden Stämmen im Hinterlande Anams. Globus 64. 1893. II. S. 136—158.

Silvestre, J., L'Empire d'Annam et le peuple Annamite. Paris 1889.

[5]) Krause, Fritz, Das Wirtschaftsleben der Völker. Breslau 1924. S. 63.

[6]) Derselbe. S. 63.

[7]) Detzner, Herm., Vier Jahre unter Kannibalen. Berlin. S. 36—48.

[8]) Sapper, Karl, Der Feldbau der mittelamerikanischen Indianer. Globus 97. 1910. I. S. 8.

und Hülsenfrüchte waren ihre Hauptanbauprodukte. Da die Niederschlagsmengen dieses Gebietes im allgemeinen genügten, wandten die Chibcha,[1]) die ein Volk von hoher Kultur darstellten, nur vereinzelt künstliche Bewässerung an.

In dem von Gebirgen umschlossenen Hochlande der Batak[2]) auf Sumatra trieb die Bevölkerung auf derselben Höhenstufe Pflanzbau, der jedoch an solchen Stellen, wo die das Hochland umgebenden Gebirge den Regen abfingen, durch Regenmangel erschwert wurde. Daher ist es erklärlich, daß sich in diesen Gebieten die Regenmacher unter den Zauberern eines großen Ansehens erfreuten. Neben dem Pflanzbau hatte jedoch der Pflanzbau einen ziemlichen Umfang angenommen, weil Pflug, Rind und Büffel aus Hinterindien ihren Einzug in dieses Gebiet gehalten hatten.

In den meisten der geschilderten Gebiete spielte neben dem Pflanzbau die Sammelwirtschaft eine wichtige Rolle. In dieser Hinsicht kam auf den Molukken und Borneo hauptsächlich die wilde Sagopalme in Betracht. Die Jagd wurde in tropischen Regenwaldgebieten im allgemeinen wenig ausgeübt. Eine große Bedeutung hingegen hatte in den tropischen Regenwaldländern der Fischfang, der durch große Ströme und Lage an den Ozeanen begünstigt wurde. Eine wichtige Ergänzungswirtschaftsform war der Fischfang bei den brasilianischen Indianern, bei den Balolo und Pangwe in Afrika, den Dajak auf Borneo und einer Anzahl von Stämmen auf Sumatra. Diese Völker fischten in den Flüssen, während die Tupi in Brasilien an der atlantischen Küste und die Ewe[3]) in Afrika in den Lagunen und an der Küste von Guinea sich dem Fischfang hingaben. Auch auf den hinterindischen Inseln und in Melanesien war der Fischfang eine wichtige Ergänzungswirtschaftsform.

β) In subtropischen Regenwaldländern.

Auch in dem subtropischen Regenwalde, der sich in Südamerika an den tropischen Regenwald schließt, waren die Bedingungen für Dauerfeldbau gegeben, der auf dem Küstenstreifen des Atlantischen Ozeans — wie oben dargelegt — von den Tupi betrieben wurde. Als wichtige Ergänzungswirtschaftsform diente ihnen der Fischfang in den Lagunen und Küstengewässern.

Dauerfeldbau (Fig. 2) bestand auch bei den Indianern in den an die Tropen grenzenden subtropischen Regenwaldgebieten des östlichen Nordamerika. Hier bauten die Seminolindianer[4]) — zu den Maskoki gehörig — Mais, Bataten, Melonen und andere, dem Klima entsprechende Pflanzen an. Wenn auch Nachtfröste, die sogenannten „killings", bis Mittelflorida vorkommen können, so wurde doch der Anbau obiger Pflanzen kaum gestört. Man bediente sich bei der Arbeit einer blattförmigen Hacke. Zum Anbau bevorzugte man Mulden, die sich durch fruchtbare, völlig steinfreie Schwarzerde und genügend Feuchtigkeit auszeichneten. Dieser Boden brauchte nur von Bäumen, wildem Wein und Unterholz

---

[1]) Steffen, Max, Die Landwirtschaft bei den altamerikanischen Kulturvölkern. Leipzig 1883. S. 51—57.

[2]) Junghuhn, Die Battaländer auf Sumatra. Berlin 1847. Bd. II. S. 70, 84, 187ff.

[3]) Seidel, H., Die Ephe-Neger. Globus 68. 1895. II. S. 315.

[4]) Mac Cauley, Reports Vol. V. S. 510.

freigemacht zu werden, um reichen Ertrag zu bringen. Sümpfe, trockne Sandböden und Kiefernheiden wurden zum Anbau gemieden. Als Ergänzungswirtschaftsform wurde Jagd und Fischfang mit Bogen und Pfeil getrieben.

γ) In subtropischen Monsunwaldländern Ostasiens.

Ein anderes Gebiet, in welchem Dauerfeldbau herrschte, war der südliche Teil Chinas, der zu den subtropischen Monsunwaldländern gehört. Hier wohnte das uralte Kulturvolk der Chinesen.[1]) Da der Monsunregen nur im Sommer fällt, hatten die Chinesen großzügige Bewässerungsanlagen geschaffen, um auch in der trockenen Jahreszeit den Feldbau zu ermöglichen. Der Anbau fand einerseits

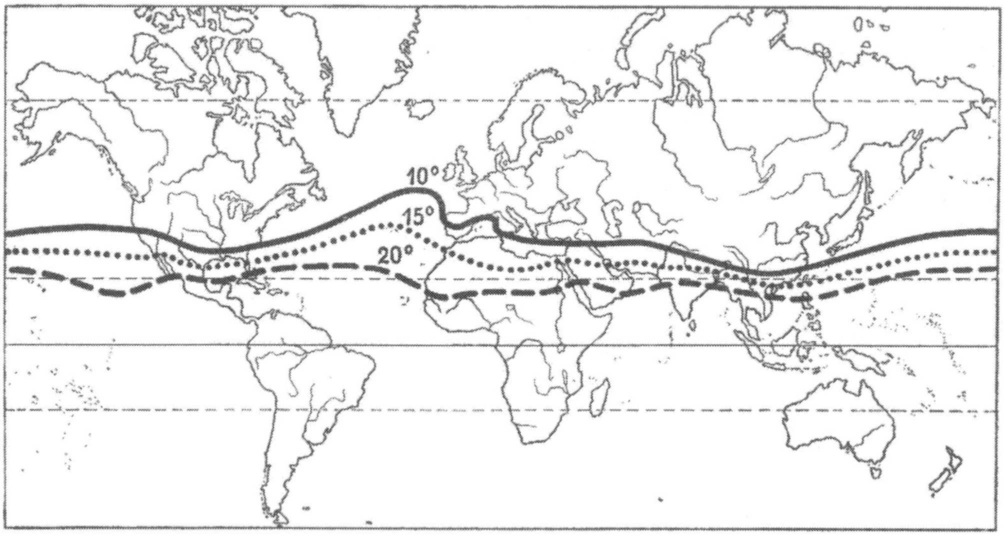

Fig. 2. Januar-Isothermen der nördlichen Halbkugel.

in von Kanälen durchschnittenen Flußauen, andererseits in großem Ausmaße auf Terrassen an den Abhängen der Hügel und Gebirge statt. Die stufenartig, in vielen Stockwerken übereinanderliegenden Terrassen reichten oft von der Talsohle bis zu den Höhen empor. Auf Flüssen und Seen hatte man mit Humuserde bedeckte Flöße verankert, um auch hier intensiven Pflanzbau zu treiben. Als Ackerbaugeräte benutzte man Spaten, Hacke, Rechen und Pflanzstock; nur ganz vereinzelt wurde auf größeren Flächen der Pflug angewandt. Reis, und zwar Sumpfreis, Hirse, Gemüse, Hülsenfrüchte sowie vielerlei Obstbäume wurden kultiviert. Die Verschiedenartigkeit der Anbaufrüchte gewährte eine ununterbrochene Fruchtfolge. Zu diesem Zwecke wurden die Pflanzen in Saatbeeten gezogen und als Setzlinge auf die Felder gebracht. Die Bewässerung verursachte ein schnelles Wachsen der Pflanzen; Seitentriebe wurden abgezupft, das aufschießende Unkraut mit dem Schlamm der Felder verknetet und als Dungstoff unter die Wurzeln gesteckt. Teich- und Grabenschlamm, verfaulte Fische,

---

[1]) Franke, O., Kêng Tschi Tu. Ackerbau und Seidengewinnung in China. Hamburg 1913.

Kompost, menschliche Exkremente und gebrannter Kalk dienten zur Bodendüngung, während auch den einzelnen Pflanzen noch Kopfdüngung gegeben wurde. Ketten-, Schleuder- und Röhrenrad schafften das Wasser auf die Terrassen. Die Reisfelder wurden so vertieft, daß sie sich in gleicher Höhe mit dem Wasserspiegel der Gräben befanden. Die ausgehobene Erde umzog als Dammweg die Felder. Jagd und Sammelwirtschaft spielten in diesem Gebiete keine Rolle; der Fischfang dagegen wurde als Ergänzungswirtschaftsform in Seen, Flüssen und im Meere stark betrieben. Durch Züchtung von Fischbrut in besonderen Zuchtanstalten suchte man die Erschöpfung der Gewässer an Fischen zu verhindern. An Kleinvieh wurden Schwein, Hund, Huhn und Ente gehalten.

Der Dauerfeldbau, der in den tropischen Trockengebieten als Oasenkultur vorkommt, soll in dem Abschnitt „Künstlicher Bewässerungsanbau als Oasenkultur" behandelt werden; ebenso soll der durch künstliche Bewässerung in den Galeriewaldsteppen und in den warmen Hochgebirgssteppen Mexikos und des alten Peru ermöglichte Dauerfeldbau in demselben Abschnitt unter „Verlängerung des Anbaues wegen ausgeprägter Trockenzeit" zur Besprechung kommen.

B. Als Regenzeitfeldbau.

α) In Galerie- und Uferwaldsteppen.

Es gibt Gebiete auf der Erde, in denen Trocken- und Regenzeit streng voneinander geschieden sind und der Feldbau im allgemeinen von Natur aus nur in der Regenzeit stattfinden kann. Zu ihnen gehören die Galerie- und Uferwaldsteppen. In Teilen Mexikos trieben aztekisch-toltekische Völker, so z. B. auf Yukatan die Maja, auf den Antillen die Kariben, in Südamerika Teile karibischer Stämme und der Aruaken, sowie Tupistämme, besonders die Guarani und von dem Gêsvolke die Suya am Xingu Regenzeitfeldbau. Um ihn zu ermöglichen, wurde bei den Maja auf Yukatan und bei den Kariben auf den Antillen der Trockenhochwald oder Buschwald während der Trockenzeit geschlagen, das Holz verbrannt, der Boden mit einem Pflanzstock gelockert und die Saat zu Beginn der Regenzeit dem Boden übergeben.[1]) Beim Maisbau machte man mit dem Pflanzstock Löcher,[2]) die mit 5 bis 6 Körnen versehen und mit dem Pflanzstock zugescharrt wurden. Solchen Anbau fand schon Columbus[3]) in großer Ausdehnung vor. Mais und Manioka waren die wichtigsten Nahrungspflanzen, doch baute man auch Kürbisse, Bohnen, Bataten, Ananas und mancherlei Kräuter an. Die Felder wurden sorgfältig gejätet und während der Reifezeit durch Knaben gegen Vögel geschützt.

An manchen Orten dieser Gebiete hatte man bereits künstliche Bewässerung eingeführt, um sich dadurch in gewissem Grade von der Trockenzeit unabhängig

---

[1]) Reinoso, Alvaro, Agricultura de los Indigenos de Cuba y Haiti. Paris 1881.

[2]) Landa, Diego de, Relation des choses du Yucatan, publ. p. Brasseur de Bourboury. Paris 1864.

[3]) Navarrete, Coleccion de los viages y descubrimientos que hicieron los Españoles. Madrid 1825. Bd. I. S. 92.

zu machen; in den kalkhaltigen Boden sickerte selbst während der Regenzeit das Wasser schnell ein. Derartige Bewässerungsanlagen fand man besonders auf Haiti und Cuba. Noch heute legen Gräben und Kanäle, die in alter Zeit hergestellt wurden, Zeugnis davon ab. Andreas Moralis sagt, diese Anlagen erinnerten an diejenigen Neu-Karthagos und des Königreichs Murcia.[1])

Auf Yukatan legte man die Dörfer und Fruchtgärten mit Vorliebe an den Flußläufen an,[2]) wo die Wurzeln der Bäume das Grundwasser immer erreichen konnten

Als wichtige Ergänzungswirtschaftsform wurde auf den Antillen und in einigen Küstenstrichen obiger Gebiete, so z. B. von den Huave, die an den Lagunen von Tehuantepec wohnten, Fischfang getrieben.

In Südamerika, wo der Trockenhochwald an manchen Stellen stark entwickelt war, lehnten sich die menschlichen Siedlungen an die Flußläufe als die natürlichen Verkehrsadern an. Von einem Bootshafen am Flusse führte ein schmaler Fußweg nach dem höher gelegenen Dorfe. Infolge der wechselnden Regen- und Trockenzeit schwankt der Wasserstand der Flüsse in bedeutend höherem Maße als in den tropischen Regenwaldgebieten. In der Regenzeit treten die Flüsse vielfach über ihre Ufer und setzen große Gebiete der oft breiten Flußtalungen unter Wasser; daher wurden die Pflanzungen oft stunden-, ja tageweit[3]) von den Dörfern und Flüssen entfernt auf überschwemmungsfreien Platten, auf den „Camps" und selbst im Gebirge angelegt. Man trieb Waldrodungskultur, bei der die ausgesprochene Trockenzeit die Anlage der Felder erleichterte. In diesen schwachbesiedelten Gebieten lagen die Pflanzungen weit auseinander. So war es z. B. am Xingu und Araguaya. Dichter besiedelt und angebaut waren die mehr steppenartigen Hochflächen zwischen dem Parana und Paraguay. Hier trieben die Guarani, ein Tupivolk, in größerem Ausmaße Pflanzbau.

Neben der Waldrodungskultur, die in Südamerika vorherrschte, fand man vereinzelt in sumpfigen Gebieten eine andere Art des Anbaues, die Pflanzungshügel-, Atterrado- oder Moundkultur. Pflanzungshügelkultur trieben z. B. die Guatóindianer[4]) in den Xarayessümpfen des oberen Parana. Die Pflanzungshügel waren aus Muscheln und schwarzer Humuserde aufgetragen, um so die Pflanzungen vor übergroßer Feuchtigkeit zu schützen. Im Gebiete des Rio Yvari[5]) waren zur Regenzeit große Teile überschwemmt, wo man in der Trockenzeit kaum einen Tropfen Wasser fand. Diesen Überschwemmungsverhältnissen hatten sich die Indianer früherer Zeiten angepaßt und dort mehrere Hundert künstlicher Pflanzungshügel von 1 bis 10 m Höhe und bis 1 km Durchmesser angelegt. Als Verkehrswege dienten Erdwälle, die die Dörfer mit den Mounds

[1]) Fewkes, Reports Vol. XXV. S. 50.

[2]) Montejo, Francisco de, Carta de Adel, in den Doc. inéd. de Indias. Bd. 13. S. 87.

[3]) Savajéindianer 7 bis 8 Stunden vom Dorfe am Rande des Überschwemmungsgebietes. Karajáindianer tageweit vom Dorfe. Krause, Fritz: In den Wildnissen Brasiliens. Leipzig 1911. S. 358 u. 242.

[4]) Schmidt, Max, Die Guató und ihr Gebiet. Bäßler-Archiv IV, 6. Leipzig-Berlin 1914.

Derselbe, Die materielle Wirtschaft bei den Naturvölkern, Leipzig 1923. S. 44.

[5]) Nordenskiöld, Erland, Meine Reise in Bolivia 1908—1909. Globus 97. 1910. I. S. 218.

und diese unter sich verbanden. Zur Zeit, als die Europäer mit diesen Siedelungen bekannt wurden, waren sie jedoch bereits verlassen. Ähnliche, vorzeitliche Pflanzhügel fand man auch auf der Insel Marajo.

Der Pflanzstock war bei allen diesen Völkern das einzige Ackerbaugerät. Angebaut wurden die dreijährige, durch Pflanzenstecklinge vermehrte, giftige Manioka, Mais, Batate und Bohne. Als wichtige Ergänzungswirtschaftsform wurde besonders Fischfang getrieben. Die durch den Wechsel der Trocken- und Regenzeit veranlaßten verschiedenartigen Wasserverhältnisse nötigten die Siedler, den Fischen zu folgen, sodaß sie oft meilenweit und monatelang von ihren Dörfern entfernt waren. Die Karajáindianer[1]) wanderten zur Trockenzeit in den Flußgebieten des Araguaya, seiner Nebenflüsse und Seen von Sandbank zu Sandbank, um hier dem Fischfang obzuliegen und nebenbei Wasserjagd zu treiben. Großer Beliebtheit erfreute sich die Tartarugaschildkröte, deren Eier, von denen sie gegen 160 in ein Nest legte, leidenschaftlich gegessen wurden. Wenn in der trockenen Jahreszeit die Zuflüsse fast austrockneten, zogen sich die Fische in den Hauptfluß zurück; dann verließen beispielsweise die Katapolitani[2]) die Siedlungen mit ihrem ganzen Haushalt, mit Kindern und Hunden und zogen an die fischreichen Plätze. Durchschnittlich blieben diese Indianer drei Monate auf der Wanderschaft. Viele Maniokfladen wurden zu diesem Zweck gebacken, getrocknet und als Mundvorrat mitgenommen. Fischgebiete in der Trockenzeit waren für die Katapolitani am mittleren Issana, für die Tukano[3]) in dem flachen Seengebiet des unteren Tiquié.

Im Gegensatz zu diesen Indianerstämmen lagen die Guatóindianer dem Fischfang zu Beginn der Regenzeit ob, weil dann die Fische, unter ihnen der kleine, silberglänzende Pacu und die gefräßige Piranya aus den oberen Flußgebieten in die unteren Überschwemmungsgebiete in großen Scharen zum Laichen zogen.[4]) Kehrten die Fische in die höher gelegenen Gebiete zurück, so brach dort zu Beginn der Trockenzeit für die Guatóindianer eine zweite Periode des Fischfanges an. Da die Indianer den Fischen auf den Flüssen folgten, waren auch sie wochenlang von ihren Siedlungen fern.

Bei den meisten Indianerstämmen spielte die Sammelwirtschaft eine untergeordnete Rolle. Sie erstreckte sich z. B. auf das Sammeln der Wassermelone, der Früchte der Takumpalme, der Akuripalme und des Jatobubaumes.

Auch die Jagd war nur an einzelnen Stellen dieser Gebiete, besonders auf den „Camps“ von einiger Bedeutung; die Tschikito[5]) scheinen ihr mehr obgelegen zu haben; sie pflegten dieselbe in der Trockenzeit, während sie in der Regenzeit ihre Äcker bestellten.

Auch in den Galerie- und Uferwaldsteppen Afrikas war der Regenzeitfeldbau vorherrschend. An den tropischen Regenwald schließt sich der Trockenhochwald

---

[1]) Krause a. a. O. S. 245—248.

[2]) Koch-Grünberg, Theod., Zwei Jahre unter den Indianern. Stuttgart 1921. S. 244.

[3]) Derselbe, S. 244.

[4]) Moure, Amadeus, Fischwanderungen in Südamerika. Globus 1. 1862. I. S. 157.

[5]) Waitz, Theod. (nach P. Burgos), Anthropologie der Naturvölker. Leipzig 1859—1872. S. 529.

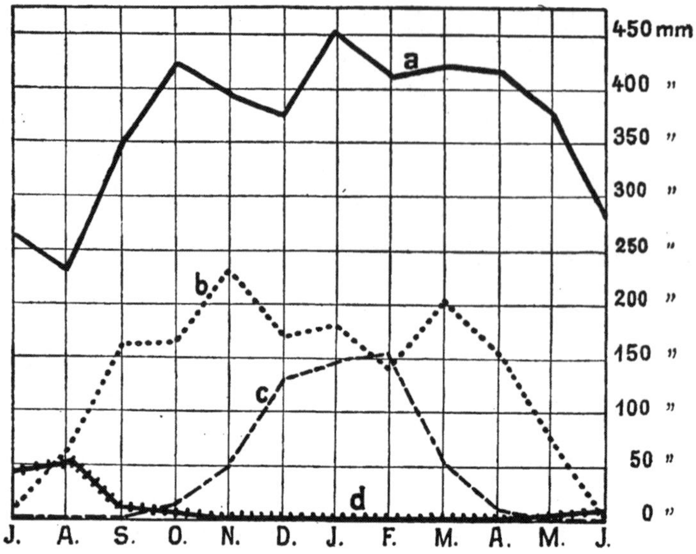

Fig. 3.
Niederschläge in den Tropen
(Tabellenwerte im Nachtrag).

an, den die verhältnismäßig kurze Trockenzeit und die großen Niederschläge entstehen ließen. (Fig. 3.) Nach den Uferwaldsteppen hin ist er weniger entwickelt und geht schließlich in letztere über. In ihnen überwiegt die Steppe. Durch Wirtschaftsverhältnisse genötigt, hat der Mensch diese Gebiete stark umgewandelt. Der Hochwald wurde an vielen Stellen geschlagen. Buschwald und Steppe traten an seine Stelle. So verschwand im Lande Unjamwesi der Myombo-Hochwald.[1]) An seiner Stelle fand man weite Grasflächen und Buschwald. Letzterer ist an die Stelle von einstigen, lange verlassenen Kulturen getreten. Im Buschwalde umherliegende Mahlsteine legen Zeugnis ab von verschwundenen Dörfern. Auf diese Weise sind in Afrika große Raub-, aber auch Kulturlandschaften entstanden. Da in den Trockenhochwaldgebieten die Trockenzeit kurz, die Niederschlagsmengen während der Regenzeit groß sind, ziehen sich die Felder, deren Boden vorwiegend aus Laterit besteht, über Berg und Tal. So stand es bei den Monbutta[2]) (Mangbetu), deren Rodungsfelder sich über Höhen und durch Niederungen zogen. Sie bauten Bananen, Erdknollen und Zuckerrohr an, während wegen hoher Feuchtigkeit der Anbau von Cerealien, z. B. Mais, zurücktrat. Schreitet man dagegen in den Uferwaldsteppen in Richtung auf die Salzsteppen fort, so zeigt sich ein anderes Bild. Die Niederschlagsmengen sind geringer, die Trockenzeit ist länger. Der Feldbau krankt an dem Mangel an Feuchtigkeit, und so sieht sich der Mensch gezwungen, die Flußtäler aufzusuchen. So legten die Marotse[3]) in den Flußtalungen des oberen Sambesi ihre Felder an. Die Urbarmachung des Bodens war hier leicht; denn man brauchte den Boden nur von Gras und leichtem Gestrüpp zu befreien, was durch Brandkultur bewirkt wurde. Zu Beginn der Regenzeit übergab man die Saat dem Boden und heimste die Ernte vor dem Einbrechen des durch die Regenzeit hervorgerufenen Hochwassers ein. Um sie vor Verheerung durch die Flut zu schützen, legte man

---

[1]) Stuhlmann, Franz, Mit Emin Pascha ins Herz von Afrika. Berlin 1894. S. 73 f.
[2]) Schweinfurth, Georg, Im Herzen von Afrika. Leipzig 1878. S. 280 f.
[3]) Richter, Martin, Kultur und Reich der Marotse. Leipzig 1908. S. 67.

stellenweise die Pflanzungen auf Termitenhügeln,[1]) die überdies noch den Vorteil der Fruchtbarkeit boten, und auf künstlich hergestellten Pflanzhügeln an. Auch die Bongo[2]) hatten ihre Felder in den von Bächen und Gräben durchzogenen Sumpfniederungen angelegt. Sie saßen an den Nebenflüssen des Gazellenflusses: Roa-, Tondj-, Djur-, Wau und Pango, während die Dinka[3]) den sehr fruchtbaren Alluvialboden am Ostufer des weißen Nils und am Gazellenstrom, die Schilluk das linke Ufer des weißen Nils dicht besiedelt hatten.

Die durch den zenitalen Stand der Sonne verursachten Regenzeiten treten an manchen Stellen einmal, an anderen zweimal im Jahre auf. Da, wo es nur eine Regenzeit gibt, findet nur eine Ernte statt. Wo dagegen zwei Regenzeiten auftreten und die erste nur schwach ist, bewerkstelligt man in dieser die Aussaat, während für die Entwicklung der Pflanzen die zweite Regenzeit von hauptsächlicher Bedeutung ist. Solch kleine und große Regenzeit hat z. B. das abflußlose Rumpfschollenland im nordöstlichen Deutsch-Ostafrika. Da, wo zwei große Regenzeiten auftreten, fanden auch zwei Pflanzperioden statt, und dementsprechend zwei Ernten im Jahre, wie bei den Wadóe.[4])

Künstliche Bewässerung wurde am Nil, am Schari, am oberen Niger, am oberen Sambesi, bei den Konde und Wahehe im Norden des Njassasees, bei den Baluba westlich des Tanganjikasees und in Uganda angewandt.

Im allgemeinen hatte man nur Aschendüngung. An einigen Orten dagegen, wie z. B. bei den Ovambo am Kunene, den Konde, bei einzelnen Völkern des Rumpfschollenlandes von Deutsch-Ostafrika, am Schari und am oberen Niger war Mistdüngung im Gebrauch.

Als Ackerbaugerät wurde überall die Hacke benutzt; in Natal trat zu dieser noch eine Art Spaten und im Hinterlande der Guineaküste und an anderen Orten auch der Grabstock.

Neben dem Regenzeitpflanzbau spielte in den weitaus größten Teilen dieser Gebiete als Ergänzungswirtschaftsform die Jagd eine große Rolle. Sie wurde begünstigt durch das Vorkommen großer Herden von Säugetieren, wie Elefanten, Antilopen, Gazellen, Giraffen, denen die Steppen reiche Nahrung boten. Für die Jagd war der jahreszeitliche Wechsel der Landschaft von Bedeutung, bedecken sich doch die weiten Fluren in der Regenzeit mit 3 bis 4 m hohem Elefantengras.[5]) Dieses bot den Tieren nicht nur Nahrung, sondern gewährte ihnen auch eine vorzügliche Deckung, sodaß selbst der geschickteste Jäger kaum etwas auszurichten vermochte, Erst in der Trockenzeit, wenn das Gras verdorrte und von den Negern abgebrannt wurde und der Boden sich mit niedrigem, frischem Grün bekleidete, das die Tiere anlockte, eröffnete der Neger die eigentliche Jagd, während das Fallenstellen das ganze Jahr getrieben wurde.

Wegen ihres Graswuchses begünstigten die Uferwaldsteppen auch das Halten von Haustieren. So haben denn viele Pflanzbau treibende Völker dieser Gebiete,

---

[1]) Richter, a. a. O. S. 65.
[2]) Schweinfurth, a. a. O. S. 99.
[3]) Derselbe: S. 87ff.
[4]) Stuhlmann a. a. O. S. 36.
[5]) Sieber, J., Die Wute. Berlin 1925. S. 17.

wohl auch von den reinen Viehzuchtnomadenstämmen beeinflußt, die Großviehhaltung angenommen, die sich vorwiegend auf das Buckelrind, das von Asien her Eingang gefunden hatte, auf das Fettschwanzschaf und die Ziege erstreckte. So hielten die Issansu und Iraku auf dem abflußlosen Rumpfschollenlande des nordöstlichen Deutsch-Ostafrika, die mit dem Sammelnamen bezeichneten Kaffern, wie z. B. die Betschuanen und Basuto, Amakossa, Matebele, wie auch die Marotse, Ovambo, an der Westküste Madagaskars die Sakalaven, im westlichen Sudan z. B. die Mandingo und Beledugu, im östlichen Sudan die Schilluk und Dinka große Viehherden. Als Kuriosum ist zu vermerken, daß bei den Wadschagga am Kilimandscharo die Stallfütterung[1]) im Gebrauche war. Nur vereinzelte Gebiete, wie das des unteren Sambesi, waren wegen des Vorkommens der Tsetsefliege für die Viehzucht ungeeignet.

In den Galeriewaldsteppen Afrikas wurde als Ergänzungswirtschaftsform auf den Fußstufen nur Kleinviehzucht getrieben, so bei den Negern des südlichen Kongostaates, z. B. bei den Bakuba und Bambala; auf den Höhenstufen in Uganda und Urundi, im Innern von Madagaskar bei den Malgaschen[2]) Großviehzucht.

An einzelnen Stellen dieser Gebiete, an Flüssen und Seen bildete der Fischfang eine nicht unwichtige Ergänzungswirtschaftsform.

In Vorderindien wurde Pflanzbau als Regenzeitfeldbau wenig betrieben; denn es war schon fast überall die Pflugbaukultur eingeführt; nur in den Gebirgen des Südens und Ceylons bestand Pflanzbau als Waldrodungskultur. Diese trieben z. B. die Kanikkarar in Travancore, und östlich der Nilgiriberge die Irulan. Auf Ceylon waren es einige Singhalesenstämme,[3]) die sich mit Waldrodungskultur beschäftigten. Auf ihren im Trockenhochwald angelegten Feldern bauten sie hauptsächlich Bergreis und Hirse. Ihre Felder hatten sie mit dornigem Gezweig umgeben, und auf hohen Sitzen fanden sich Wächter, die die Pflanzungen gegen Elefanten, Hirsche, Affen, Wildschweine und Tauben schützten. In den Trockenhochwaldgebieten Hinterindiens dagegen wurde Pflanzbau als Regenzeitfeldbau in der Form von Waldrodungskultur in ausgedehntem Maße betrieben; nur an einigen Stellen hatte der Pflug Eingang gefunden. Auch hier waren, wie in Amerika, die Menschen auf den Flüssen in den Urwald eingedrungen und hatten denselben stellenweise in großem Maße urbar gemacht. Hier sind die Porrh[4]) auf der Grenze zwischen Siam und Kambodja zu nennen, ebenso viele Völkerschaften im Laosgebiet.[5]) Selbst oben auf den Gebirgen fand man in über 3000 m Höhe bei den Ureinwohnern Siams, den Khas, solche Rodungen in großem Maße.

In Assam hatten die Angami und die benachbarten Nagastämme Terrassenfelder künstlich angelegt, die sie mit Rinder- und Schweinemist düngten und künstlich bewässerten, aber nur mit Hacke und Grabstock bearbeiteten. Trotz

[1]) **Weiß**, Max, Die Völkerstämme im Norden Deutsch-Ostafrikas. Berlin 1910. S. 46.

[2]) **Behm**, Über Zwergvölker in Afrika. Petermanns Geogr. Mitteilungen 17. 1871. S. 142.

[3]) **Schmarda**, Ludw., Der südwestliche Teil von Ceylon. Globus 7. 1865. I. S. 212.

[4]) **Harmand**, In Kambodja und Unter-Laos. Globus 31. 1877. I. S. 287.

[5]) **Mouhot's**, H., Wanderung nach Korat und nach Luang Phraban am Mekong im Lande der Laos. Globus 7. 1865. I. S. 138.

des auf den Terrassen möglichen Dauerfeldbaues bevorzugten sie die Anlage von *dschlums* (Waldrodungen), auf denen sie Regenzeitfeldbau trieben. Andere Völker, wie die Mikir in Assam, die früher schon den Pflugbau eingeführt hatten, waren zum Regenzeitpflanzbau als Waldrodungskultur zurückgekehrt.

Bei manchen hinterindischen Völkern spielte als Ergänzungswirtschaftsform die Jagd auf Elefanten, Hirsche, Wildschweine eine große Rolle.

Auch die malaiischen Völker auf den Philippinen trieben Regenzeitfeldbau als Waldrodungskultur. Von den Negritos waren nur die Tarlac[1]) zu dieser Kultur vorgeschritten. Auf dem nördlichen Luzon hatten sich die Ifugao und Igorot mit Erd- und Steinwällen eingefaßte Terrassen angelegt, die aus weiten Entfernungen durch bambusene Wasserleitungen mit Wasser versorgt wurden. Kerabau-Büffel, Schwein, Hund, Huhn und Ente waren Haustiere. An den Küsten der Philippinen war der Fischfang ergiebig.

Der Feldbau in Mikronesien und Polynesien ist ebenfalls als Regenzeitpflanzbau zu bezeichnen. Als Nahrungspflanzen kultivierte man vorzugsweise: Kokospalme, Brotfruchtbaum, Taro, Jams und Banane, wenn auch die eine oder die andere dieser Pflanzen auf einzelnen Inseln fehlte. Da manche der kultivierten Pflanzen mehrjährig und nicht an die Jahreszeiten gebunden sind, entging dem oberflächlichen Beobachter leicht die Tatsache, daß es sich auf dieser Inselwelt um Regenzeitfeldbau handelte; um sich von der Trockenzeit möglichst zu emanzipieren, bewässerte man die in Gruben angelegten Tarofelder während der trocknen Jahreszeit. Solche bewässerten Felder fand man auf den Pelauinseln[2]) und auf Neukaledonien.[3]) Auf den Pelauinseln pflegte man die Tarofelder in von Gebirgen eingefaßten Alluvialebenen, die vom Meere durch einen Strandwall abgeschlossen waren, anzulegen. Man zog Deiche von 6 Fuß Breite und 4 Fuß Höhe durch das Gelände und vertiefte die Felder derart, daß sie unter dem Grundwasserspiegel lagen, weil die Taropflanze eine Sumpfpflanze ist. Um den Anbau dieser Pflanze auch in der trocknen Jahreszeit zu ermöglichen, wurden die hier vorkommenden Bäche den Deichen entlang zu den verschiedenen Taropatschen (Tarofelder) geleitet und je nach Bedarf angestaut oder hindurchgelassen. (Fig. 4).

Auf den Koralleninseln legte man in dem Kalkboden Gruben für die Taropflanze an und füllte sie mit fruchtbarer Humuserde. War künstliche Bewässerung unmöglich, so konnte der Tarobau nur während der Regenzeit vollzogen werden.

In Mikronesien und Polynesien war der Grabstock das einzige Ackerbaugerät.

Da an manchen Orten dieser Inselwelt die Kokos- und Pandanuspalme, sowie der Brotfruchtbaum in großem Maße wildwachsend vorkommen, konnte unter

---

[1]) Blumentritt, Versuch einer Ethnographie der Philippinen. Petermanns Geogr. Mitteilungen. Ergänzungsheft 67. Gotha 1882. S. 7.

[2]) Kubary, J. S., Ethnographische Beiträge zur Kenntnis des Karolinen-Archipels. Leiden 1895. S. 157.

[3]) Meinicke, Karl, Die Neukaledonier. Globus 15. 1869. I. S. 199.
Neukaledonien im Gr. Ozean nach Viktor de Rochas. Globus 1. 1862. I. S. 82.
Neukaledonien und seine Bewohner. Globus 13. 1868. I. S. 72.

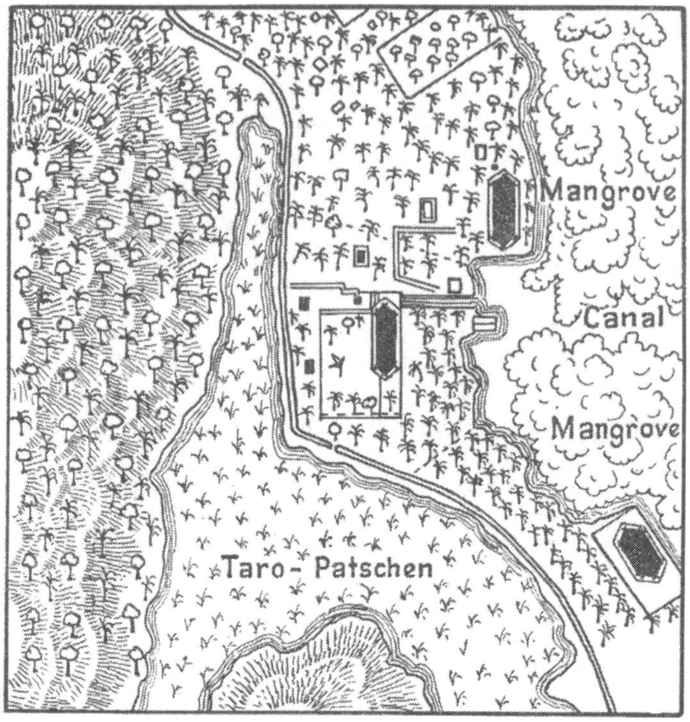

Fig. 4.
Taropatschen nach Kubary.

Umständen die Sammelwirtschaft[1]) den Pflanzbau übertreffen. Fast auf allen Inseln dieses Gebietes war der Fischfang im Meere und in den Lagunen, sowie das Einsammeln von Strandkost von großer Bedeutung.

β) In warmen Hochgebirgssteppen.

Auch in den warmen Hochgebirgssteppen Amerikas, und zwar in Mexiko und im Inkareiche, wurde Pflanzbau als Regenzeitfeldbau getrieben; doch war man hier bereits in großem Maße zur künstlichen Bewässerung übergegangen. Daher sollen diese Gebiete in dem Abschnitt „Künstlicher Bewässerungsanbau" behandelt werden.

γ) In Salzsteppengrenzgebieten und in dort aufsteigenden Gebirgen.

In den Salzsteppengebieten Afrikas, die im Sudan an die Uferwaldsteppen grenzen, wurde an einzelnen Stellen ein unsicherer Regenzeitfeldbau getrieben. Dort jedoch, wo wie in Darfur und Wadai sich Gebirge aus der Salzsteppe erheben, die durch regelmäßigen Empfang von Niederschlägen ebenso gut gestellt sind wie die Uferwaldsteppen, fand man Regenzeitfeldbau in größerem Maße.

[1]) Hambruch, Paul, Nauru. Hamburg 1915. S. 122.

δ) In Monsunwaldländern Ostasiens.

Auf der in den Monsunwaldländern Ostasiens liegenden Insel Formosa bestand bei einigen Binnenlandstämmen im Gebirge, unter ihnen bei den Atayalen[1]) zur Zeit der Monsunregen Regenzeitfeldbau als Waldrodungskultur.

Γ. Trockenzeitfeldbau.

α) In Uferwaldsteppengebieten.

Unsere bisherigen Ausführungen dürften ergeben haben, daß sich der Pflanzbau im allgemeinen nur in der Regenzeit bewerkstelligen läßt, während die Trockenzeit eine Ruheperiode darstellt. In einigen Gebieten Afrikas jedoch, wo besondere Verhältnisse herrschen, kann man auch in der Trockenzeit Feldbau treiben. Es sind dies Landschaften und Landschaftsteile, die in der Regenzeit derart unter Wasser gesetzt werden und deren Boden soviel Wasser einzusaugen vermag, daß die Feuchtigkeitsmenge von der Aussaat bis zur Ernte in der Trockenzeit genügt. Im allgemeinen tritt dieser Zustand in den Uferwaldsteppen da ein, wo sich Flüsse finden, die in der Regenzeit über ihre Ufer treten und weite Gebiete überfluten. Diese Verhältnisse fand man bei den Marotse am oberen Sambesi, am Schari, sowie in Mitteladamaua, am oberen Niger, und am Weißen Nil bei den Schilluk und Dinka. Durch geschickte Benutzung der Wasserverhältnisse wußten z. B. die Marotse[2]) jährlich eine zweimalige Ernte zu erzielen. Die erste Aussaat machten sie beim Beginn der Regenzeit, die zweite in der Trockenzeit nach dem Verebben der Überschwemmung. Durch letztere wurden dem Boden soviele Dungstoffe zugeführt, daß seine Erschöpfung nicht eintrat. Auch im Lande Unjamwesi wußte man auch in der Trockenzeit eine Ernte zu erzielen. Dies ist möglich, weil sich in dem Gebiete Niederungen, *ziwa*[3]) und *mbuga* (Teiche und Sümpfe) befinden, die 2 bis 5 Fuß tiefer liegen als das Land. Die Regenzeit setzte sie unter Wasser. Waren sie ausgetrocknet, dann begann die Aussaat von Reis, dem der Boden genügend Feuchtigkeit bot, das Wachstum der Saat bis zur Ernte zu ermöglichen. In der Regenzeit erzielte man an anderen Stellen eine Ernte.

Δ. Künstlicher Bewässerungsanbau.

AA. Als Oasenkultur.

α) In Trockengebieten.

An Orten, wo die natürlichen Wasserverhältnisse nicht ausreichen, das Wachstum der Pflanzen zu ermöglichen, schreitet der Mensch, wie wir oben gesehen haben, zur künstlichen Bewässerung. Eine besondere Art derselben ist die Oasen-

---

[1]) Stöpel, K. Th., Eine Reise in das Innere der Insel Formosa. Weihnachten 1898. Buenos Ayres 1905.

Wiedfeldt, O., Wirtschaftliche, rechtliche und soziale Grundtatsachen und Grundformen der Atayalen auf Formosa. Tokio 1914.

[2]) Richter, Martin, Kultur und Reich der Marotse. Leipzig 1908. S. 65—67.

[3]) Burton's und Speke's Expeditionen von Zanzibar bis zum Tanganjika- und Nyanza-See. Bearb. von Karl Andree. Leipzig 1861. S. 207.

kultur die im allgemeinen ohne künstliche Bewässerung unmöglich ist. Diese Kultur finden wir in den Trockengebieten. Diese sind hinsicht ich der Temperatur verschieden (Fig. 5) sodaß in manchen dieser Gebiete Dauerfeldbau als Oasen kultur möglich ist, während in Trockengebieten nördlicherer Lage nur Sommerfeldbau als Oasenkultur getr:eben werden kann. Das charakteristische Merkmal all dieser Gebiete besteht jedoch darin, daß ihr Anbau wegen großer Trockenheit nur durch künstliche Bewässerung ermöglicht werden kann.

In den Trockengeb'eten Nordamerikas befaßten sich die Puebloindianer mit Oasenkultur. Als 1540 Coronado ihr Gebiet betrat, fand er 71 Siedlungen vor. Diese lagen am Rio Grande, am Rio Gila, am Rio Salado, am Rio Verde, am kleinen Colorado, am Zuni River, am Rio de San Francisco, am Salt River, am Rio de San Pedro, im Arivaypatal, am oberen Pecos und am Rio de los Frijoles, einem kleinen, rechten Nebenflusse des San José River. Die Flüsse wurden zur künstlichen Bewässerung herangezogen. Zu dem Zwecke warenKanäle[1]) von10bis100kmLänge und einer Breite von 2 bis 12 m und 1 m Tiefe angelegt; außerdem hatte man ein ausgedehntes Grabensystem geschaffen. Da, wo in den Gräben das Wasser versickerte, mauerte man diese mit trogförmig hergestellten Steinen aus. Der rötlichgraue Schlamm, den die Flüsse mit sich führten, erhöhte die Fruchtbarkeit der Felder in ungewöhnlichem Maße. Während die Puebloindianer an manchen der genannten Flüsse stets reichlich Wasser für die künstliche Bewässerung zur Verfügung hatten, trat bei manchen dieser Stämme bisweilen Wassermangel ein. So trocknete beispielsweise der Gila River etwa alle fünf Jahre einmal aus. An Anbau und Ernte war dann nicht zu denken. Das Wild war gezwungen, in den Wasserlachen des ausgetrockneten Flußbettes seinen Durst zu stillen, und wurde dort gejagt. Die Not veranlaßte die Pimaindianer,[2]) ihre Wohnsitze zeitweilig zu verlassen und sich in der Salzsteppe der Sammelwirtschaft, die sich auf Pflanzen, Früchte und den Samen von Gräsern erstreckte, hinzugeben. Besonders geschätzt waren Mesquite und Agave.

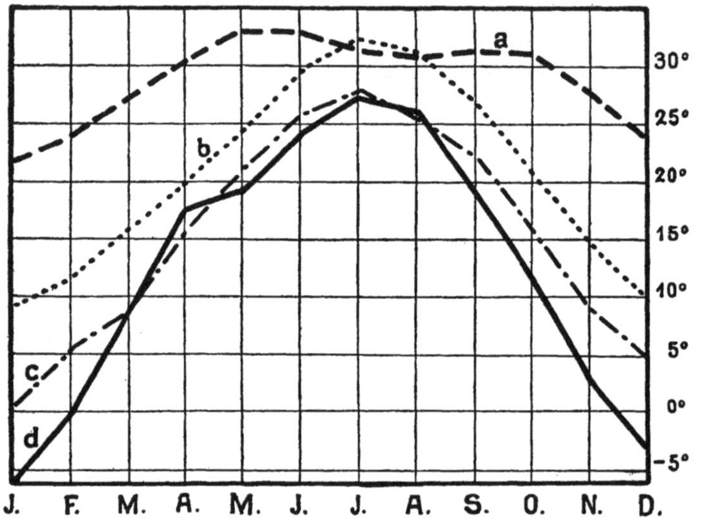

Fig. 5.
Temperaturen in den Trockengebieten.
(Tabellenwerte im Nachtrag).

[1]) Eickhoff, Heinr., Die Kultur der Pueblos in Arizona und Neu-Mexiko. Stuttgart 1908. S. 43.

[2]) Russell, Reports Vol. XXVI. S. 66ff.

Von den Puebloindianern wurde als Hauptpflanze der Mais angebaut. Als Anbaugerät diente der Pflanzstock und eine Art hölzerner Schaufel.

In Südamerika wurde Oasenkultur im Inkareiche an der peruanischen Küste getrieben. In dem regenarmen, schmalen Küstenstriche zwischen den Anden und dem Stillen Ozeane trifft man eine Anzahl kleiner Flüsse, die von dem Gebirge kommend, die Wüste durcheilen und etwa eine Tagereise weit voneinander entfernt sind. Das Wasser dieser Flüsse wurde durch teils offene Kanäle[1]) *(rarccac)*, teils durch unterirdische Kanäle *(pinchas* oder *huircas)* den Oasenfeldern zugeleitet. An den Kanälen erster Art waren Baumpflanzungen angelegt, die zur Befestigung der Ufer dienten und der Austrocknung der Kanäle vorbauten, während die unterirdischen Kanäle aus Steinplatten hergestellt waren, die man mit Rasenstücken und Erde bedeckte. Da die kleinen Küstenflüsse während der im Hochgebirge herrschenden Trockenzeit ganz zu versiegen drohten, hatte man im Hochgebirge nach der See hin große Wasserbehälter angelegt, um das überflüssige Wasser der Regenzeit und der Schneeschmelze abzufangen und nach Bedarf zu verwenden. Da die Indianer das Eisen noch nicht kannten, waren sie gezwungen, alle diese Anlagen mit Steinwerkzeugen herzustellen. Es mag noch bemerkt werden, daß die Siedler an Stellen, wohin man das Wasser nicht zu leiten vermochte, Grubenkultur trieben. Man hob den Sand in etwa zwei Manneshöhen aus, bis man auf das Grundwasser stieß. Diese Anbaugruben hießen dort *mahamaes*, bei den Spaniern *hoyas*. Um die Ertragfähigkeit des Bodens in der Küstenregion zu erhöhen, verwandte man menschliche Exkremente, die getrocknet und pulverisiert wurden. Zwischen Arequipa und Tarapaca wurde in großem Maße Guano als Dünger angewandt. Man holte ihn auf Flößen von den kleinen Küsteninseln, besonders von den Chincha-Inseln. Der Abbau, sowie die Verteilung des Guanos waren rationell. An einzelnen Stellen, wie bei Atica, Atiquipa, Villacori, Malla und Chilca düngte man mit Fischköpfen, die von einer dort häufig vorkommenden Sardellenart herstammten. Mais, Bohnen und Kartoffeln waren die hauptsächlichsten Anbauprodukte. Als Ackerbaugerät diente im Inkastaate ein spatenartiger Grabstock. An der Küste war der Fischfang, vorwiegend auf Sardellen, eine wichtige Ergänzungswirtschaftsform. Von den geschilderten, von Yunkastämmen bewohnten Küstenstrichen aus gelangte die Bewässerungskultur in die warmen und gemäßigten Hochgebirgssteppen; von dort wurde sie im ganzen Inkareiche verbreitet.

In Afrika und Asien fand man in den Trockengebieten ebenfalls Oasenkultur, und zwar als Grundwasser-, Quell-, Gebirgsfuß-, Fluß- und Fremdlingsflußoasenkultur. Man kann die Oasen Fezzans als Grundwasser- und Quelloasen, viele Oasen Ost- und Westturkestans als Gebirgsfuß-, noch andere in Turkestan als Fluß-, die Nilländer und Mesopotamien als Fremdlingsflußoasen bezeichnen. In allen diesen Gebieten trieb der Mensch den Bewässerungsanbau großzügig. In Westturkestan löste man, um den Feldern das nötige Wasser zuzuführen, Flüsse derartig in Kanäle und Gräben auf, daß ihr Wasser restlos verbraucht

[1]) Steffen, Max, Die Landwirtschaft bei den altamerikanischen Kulturvölkern. Leipzig 1883. S. 85.

wurde. Solche Oasen waren z. B. Tedschen[1]) und Murgab. Im ganzen Niltale, von Ägypten bis hinauf nach Nubien, wurde das Wasser des Nils durch Schöpfräder und Wassermühlen auf die Felder geleitet. Weizen, Hirse, Bohnen, Melonen, Kürbisse, Gemüse und vor allen Dingen die Dattelpalme, waren in Afrika, Arabien und Iran die wichtigsten Anbaupflanzen, in Turkestan Weizen, Gerste, Bohnen und Gemüse. Die bei der Oasenkultur Afrikas und Asiens angewandten Geräte waren Pflanzstock,[2]) Hacke[3]) und Spaten. Obgleich der Pflug in Nordafrika, Arabien, Iran, Ost- und Westturkestan, der Mongolei und am oberen Kerulen in Daurien bekannt war, so sind doch die eigentlichen Geräte bei der Oasenkultur die obengenannten geblieben.

Viehwirtschaft als Ergänzungswirtschaftsform konnte von den festsässigen Oasenbewohnern nur in beschränktem Maße getrieben werden, weil es an genügender Weide fehlte.

BB. Zur Überwindung der ausgeprägten Trockenzeit durch künstliche Bewässerung.

α) In warmen und gemäßigten Hochgebirgssteppen.

In vielen Gebieten der Erde, in denen der Feldbau durch eine ausgeprägte Trockenzeit erschwert oder gar unmöglich gemacht wird, hat es der Mensch verstanden, dieses Hindernis zu überwinden. So hatten die Azteken in den warmen Hochgebirgssteppen Mexikos, die sich durch eine achtmonatige Trockenzeit auszeichnen, künstliche Bewässerung eingeführt. Sie leiteten die Flüsse in der Ebene von Izcuzan, Cholpolla und Metztitlan[4]) über die Felder. Keine Handbreit[5]) Land war unbestellt. Gebiete mit künstlicher Bewässerung nannte man *atlalli,* d. h. Wasser, oder Land, das bewässert werden kann. Zu diesen bewässerten Strecken gehören auch die *chinampas,* die sogenannten schwimmenden Gärten. Mais und Agaven wurden besonders angebaut. Verfaulte Pflanzen[6]) und die menschlichen Exkremente dienten als Dungmittel. Ein spatenartiges Gerät aus hartem Holze verwandte man zur Bearbeitung des Bodens.

An den Berghängen und an manchen anderen Orten war jedoch der Regenzeitfeldbau als Waldrodungskultur im Gebrauch.

Viehwirtschaft, Jagd und Fischfang wurden nicht betrieben.

Auch bei den Inka in den warmen und gemäßigten Hochgebirgssteppen Südamerikas wurde wegen der Trockenzeit die künstliche Bewässerung angewandt. An den Berglehnen hatten sie Terrassen eingerichtet, zu denen Kanäle

[1]) Schultz, Arved, Die natürlichen Landschaften von Russisch-Turkestan. Hamburg 1920. S. 49.

[2]) Brehm, Reiseskizzen aus Nordostafrika. Jena 1855. Bd. I. S. 205.

[3]) Schultz, Arved, Kaschgar, Stadt und Landschaft. Hamburg 1921.

[4]) Relación de la provincia de Metztitlan in den Documentos inéditos de Indias. Bd. 4. S. 546.

[5]) Gomara, Cronica de la España, cap. 61 u. 116. (Steffen, Max, Die Landwirtschaft bei den altamerikanischen Kulturvölkern. Leipzig 1883. S. 16).

[6]) Sahagun, Historia general de las cosas de Nueva España ed por C. M. de Bustamente. Mexico 1829.

von den Schneefeldern der Berge hinabführten. Der Boden wurde intensiv ausgenutzt und sein Ertrag durch Düngung gesteigert. Angebaut wurden Kartoffel, Bohne und Mais. Letzterer wurde da, wo die warmen Hochgebirgssteppen in gemäßigte übergingen, durch die Quinoa ersetzt. Auf den Flechten- und Mattenhochflächen wurden Alpakas und Lamas gehalten. Fischfang und Sammelwirtschaft waren von geringer Bedeutung; die Jagd wurde nur von dem Inka und seinen Würdenträgern als Sport ausgeübt.

Ähnliche Verhältnisse bestanden bei den Diagita, die teils im Inkareiche, teils in den südlichen Grenzgebieten, unter anderem in der Sierra de Cordoba, wohnten.

β) In Hartlaubregengebieten.

In die Hartlaubregengebiete war die künstliche Bewässerung durch die Inka gebracht worden, deren Reich sich bis zum Rio Maule erstreckte.

γ), δ) und ε) In Galerie- und Uferwaldsteppen und in Monsunwaldländern Ostasiens.

Ebenso war der Mensch in den Galerie- und Uferwaldsteppen an manchen Stellen zur Überwindung der Trockenzeit beim Pflanzbau zu künstlicher Bewässerung übergegangen. Auf diese Verhältnisse wiesen wir bereits bei Besprechung des Regenzeitfeldbaues hin; ebenso berührten wir die künstliche Bewässerung in den südlichen Monsunwaldländern Südchinas beim Dauerfeldbau, während die künstliche Bewässerung Nord- und Mittelchinas und Japans beim Sommerfeldbau zur Behandlung kommen soll.

ΓΓ. Aus vorwiegend pflanzenphysiologischen Gründen.

Erwähnt möge noch werden, daß einige wasserliebende Kulturpflanzen die künstliche Bewässerung bedingen. Zu ihnen gehört der Sumpfreis und der in Gruben gebaute Taro.

E. Als Sommerfeldbau.

α) In subtropischen Regenwaldländern und Waldsteppengebieten.

In manchen Teilen der Erde ist der Anbau von Pflanzen nur während des Sommers möglich, weil im Winter die Temperaturen derart sinken, daß die Wachstumsbedingungen der Pflanzen nicht mehr vorhanden sind. Solchen Feldbau trieben die ostamerikanischen Indianer zur Zeit ihres Bekanntwerdens mit den Europäern von Florida bis hinauf zum St. Lorenzstrom und von der Ostküste[1]) bis über den Mississippi hinaus. Landschaftlich teilt sich dieses Gebiet in die subtropischen Regenwaldländer an der Ostküste und in die Waldsteppengebiete zu beiden Seiten des Mississippi. In ganz besonderer Blüte stand der Ackerbau bei den Huronen,[2]) Irokesen,[3]) Natchez[4]) und bei den Siouxindianern in Vir-

[1]) Mooney, Reports Vol. VII. S. 41.

[2]) Sagard, Grand Voyage au pays des Hurones. Paris 1632.

[3]) Loskiel, Georg H., Geschichte der Mission der evangelischen Brüder unter den Indianern in Nordamerika. Barby 1789.

[4]) Pratz, du, Histoire de la Louisiane. Paris 1758. Bd. II. S. 363.

ginien. Hier verwandte man auf den Feldbau, der sich in manchen Gegenden über 2000 bis 3000 acres erstreckte, große Sorgfalt. In der Nähe der Häuser befanden sich sorgfältig gepflegte Gärten. Der Mais — die Hauptfrucht dieser Gebiete — wurde in regelmäßigen Reihen gesät, von Unkraut gereinigt und gehäufelt. Die Felder befanden sich vorzugsweise in den Flußtälern,[1]) in den Regenwaldgebieten wohl deshalb, weil hier nach Beseitigung von wenig Gestrüpp die Felder ohne große Mühe angelegt werden konnten, in den Waldsteppenländern wohl deshalb, weil die Flußtalungen auch im Sommer genügend Grundwasser hatten. In den Flußtälern legte man kleine Pflanzungshügel, die „gardenbeds" an. Bei dem als Halbprärieindianer bezeichneten Stamme der Omahaindianer (Sioux) werden uns diese Hügel[2]) wie folgt geschildert: Sie lagen an den Ufern der Flüsse, hatten eine längliche Form und waren so angelegt, daß sie an der Nordseite 18 Zoll hoch und an der Südseite dem Boden gleich waren. Auf diesen Hügeln wurden Mais und Bohnen angepflanzt.

Bei allen Sommerfeldbau treibenden Indianern spielten Jagd, Fischfang und Sammelwirtschaft als Ergänzungswirtschaftsformen eine große Rolle. Während die im Osten wohnenden Stämme der Jagd nach Beendigung der Ernte oblagen, beschäftigten sich die Indianer westlich des Mississippis sogar zwischen Anbau und Ernte mit derselben, indem sie stammesweise den Bison jagten. Im Winter trieben sie diese Jagd dann in einzelnen Partieen. Man hat diese Stämme als Halbprärieindianer bezeichnet. Zu ihnen gehören die Käddostämme, von den Sioux die Dhegihastämme (Omaha, Ponka, Osedsch, Kansa), die Tschiwerestämme (Eiowä, Oto, Missouri), die Santi-Dakota, die Mandan und Hidatsa. Als Ackerbaugerät diente den Indianern eine Hacke, deren Blatt aus dem Schulterblatt[3]) des Hirsches bestand.

β) In subtropisch gemäßigten ozeanischen Waldländern.

In Südamerika trieben die Araukaner in den subtropisch gemäßigten ozeanischen Waldländern (Fig. 6) Sommerfeldbau. Mais, Kartoffeln, Quinoa, Bataten und Bohnen waren die wichtigsten Anbauprodukte.

γ) In Monsunwaldländern Ostasiens und den anschließenden Waldsteppen- und Steppengebieten.

Pflanzbau als Sommerfeldbau wurde auch in Mittel- und Nordchina und Japan betrieben. Daß Dauerfeldbau in diesen Gebieten unmöglich ist, geht schon aus dem Umstande hervor, daß in der Provinz Kansu in China der Hoangho trotz der reißenden Strömung im Winter vollständig zufriert. Auch in Japan hat man in Akita eine Temperatur, deren Monatsmittel im Januar und Februar unter 0^0 liegt. Von Oktober bis März treten Nachtfröste auf; vorübergehend hüllt diese Gegenden eine leichte Schneedecke ein. Diese Gebiete, die teils zu den Steppen und Waldsteppen, teils zu den Monsunwaldländern Ostasiens ge-

[1]) Loskiel a. a. O. S. 85.
[2]) Fletcher, Alice, Reports Vol. XXVII.
[3]) Fletcher a. a. O.. S. 269.

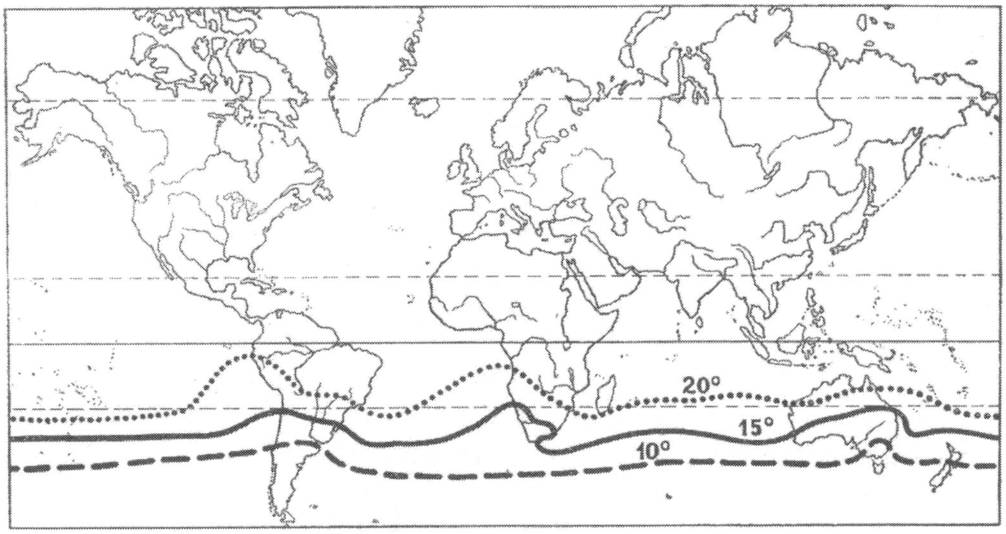

Fig. 6. Juli-Isothermen der südlichen Halbkugel.

hören, erhalten ihre Niederschläge durch Monsunregen während des Sommers. (Fig. 7). Diese sind von großer Wichtigkeit. In Japan nennt man diese Regenzeit *bai-u*, d. i. die Pflaumenregenzeit, da sie zur Zeit der Pflaumenreife eintritt. Für den Reisbau ist diese Periode besonders wichtig, da die Reisfelder sehr durchfeuchtet und zum Versetzen der Reispflanzen geeignet werden. Nach den Waldsteppen und Steppen Chinas hin nehmen die Monsunregen ab. In allen diesen Gebieten wurde die künstliche Bewässerung in großem Maße angewandt; auch hier wurden, wie in Südchina, die Felder gedüngt und intensiv bearbeitet. Begünstigt wurde der Feldbau in China durch das Vorkommen eines fruchtbaren Lößbodens. Auch in diese Gebiete war der Pflug eingedrungen, hatte aber nur in den nördlichen Landesteilen eine größere Bedeutung gewonnen.

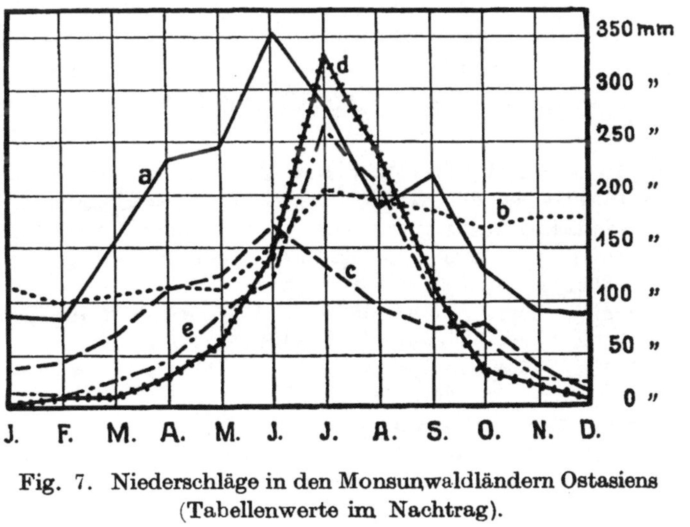

Fig. 7. Niederschläge in den Monsunwaldländern Ostasiens (Tabellenwerte im Nachtrag).

δ) In Waldsteppengebieten.

Sommerfeldbau wurde auch von den Maori auf Neuseeland getrieben. Die Felder schufen sie durch Abbrennen des Waldes[1]) und bauten diese solange an, bis der Boden erschöpft war; dann schritten sie zur Urbarmachung anderer Teile des Waldes. Mit scharfen Stäben wurde der Boden aufgerissen;[2]) die Erdschollen wurden mit der Hand zerkleinert, Wurzeln und Steine sorgfältig entfernt. Dünger wandte man nicht an; dagegen war es Gebrauch, schweren Boden durch Zusatz von Sand[3]) leichter zu machen.

Man fand Baumplantagen, in denen Morus papyrifera gedieh. An der Küste bot die Strandkost eine wichtige Ergänzung. Im Innern wurden die Wurzeln eines Farnkrautes gesammelt und Jagd in geringem Umfange betrieben. Im Winter trat im Innern Neuseelands oft Hungersnot ein.

bb) Pflanzbau als Nebenwirtschaftsform.

Neben Jagd und Sammelwirtschaft.

Im allgemeinen kann man an dem Gedanken festhalten, daß der Mensch da, wo er zum Feldbau übergegangen ist, diesen auch als Hauptwirtschaftsform treibt. Nur an einzelnen Stellen, an denen der Mensch wohl vor kurzem von der Jagd und Sammelwirtschaft zum Feldbau gekommen war, wurde der Pflanzbau als Nebenwirtschaftsform betrachtet. Dies war z. B. an wenigen Stellen in Australien der Fall, und zwar in der Nähe des Swan-River,[4]) an der Brunswick-Bay und am unteren Cloncurry-River.[5]) Diese Örtlichkeiten gehören zu den Trockengebieten und Steppen. Wegen der hier herrschenden großen Trockenheit waren die Felder in den Flußniederungen angelegt. Besonders wurde eine Art Jams angebaut. — Im Innern von Groß Nikobar fand zuerst Roepstorff die Chom-Pen[6]) (1875), deren Hauptbeschäftigung in Jagd und Sammelwirtschaft bestand, während der Pflanzbau sich bei ihnen noch im Anfangsstadium befand.

Neben nomadisierender Viehwirtschaft.

Eine untergeordnete Bedeutung hatte der Pflanzbau auch bei den sogenannten reinen Viehzuchtnomaden Südafrikas, den Herero und Hottentotten.[7]) Sie trieben gelegentlich Feldbau nur an den Wadis der Salzsteppen. Als sie etwa um das Jahr 1600 weiter südwärts das Hartlaubgebiet zum Teil innehatten, hatte nach Äußerung der Holländer, die das Gebiet zuerst betraten, der Pflanzbau in den wesentlich hierfür günstigeren Gebieten eine größere Bedeutung.

---

[1]) Dieffenbach, Travels in New Zealand. London 1843. Bd. I. S. 243.

[2]) Shortland, The southern Districts of New Zealand. London 1851. S. 186.
Nicholas, Reise nach Neuseeland. Weimar 1819. S. 173.
Yate, New-Zealand im Baseler Missions-Mag. von 1836. S. 045.

[3]) Yate, S. 645.

[4]) Grey, George, Journals of two expeditions of discovery in North-West and Western Australia. London 1841. Bd. I. S. 12.

[5]) Burke's Reise durch das Innere von Australien im Jahre 1861. Petermanns Geogr. Mitteilungen Bd. 8. 1862. S. 57.

[6]) Man, E. H., A brief Account of the Nicobar Islanders, with special reference to the inland tribe of Great Nicobar. Journal of the Anthrop. Institute, Vol. XV. 1886. S. 428.

[7]) Kolb, Peter, Beschreibung des Vorgebirges der guten Hoffnung und der darauf wohnenden Hottentotten. Frankfurt-Leipzig 1745.

b) Pflugbau.

aa) Als Hauptwirtschaftsform.

Nicht ohne weiteres läßt sich der Grabstock mit dem Pfluge vertauschen, als ob es sich nur um einen Wechsel der Ackergeräte, um einen technischen Fortschritt, handelte. Vielmehr ist der Gebrauch des Pfluges an gewisse Bedingungen geknüpft. Will man den Pflug einführen, so muß man Zugtiere haben; es setzt also der Pflug Viehwirtschaft voraus. Beim Pflugbau muß man den Wald in weit intensiverem Maße ausroden und den Boden von Steinen säubern als beim Pflanzbau, bei dem man Hindernisse, wie Baumstümpfe, Baumwurzeln und Steine sie bieten, umgehen kann. An steilen Berghängen kann man nicht pflügen, einmal, weil es wegen des Gefälles technisch nicht tunlich ist, andererseits, weil der Boden, der nicht mehr durch Wurzelgeflecht festgehalten und stärker aufgerüttelt wird, abrutscht. Die mit dem Pflugbau verbundene Viehwirtschaft bringt den Vorteil, daß sie die Möglichkeit bietet, dem Acker Dungstoffe zuzuführen.

A. Pflugbau als Dauerfeldbau.

α) In tropischen Regenwaldgebieten.

Der Pflug, dessen Ursprung meist in Westasien angenommen wird, hatte sich über Nordafrika und über Asien bis Japan hin verbreitet und sogar Eingang in die tropischen Regenwaldgebiete Indiens und der indischen Inselflur gefunden. So trieben die Bewohner Javas Pflugbau als Dauerfeldbau. Auf großen Flächen des ausgerodeten Urwaldes baute man hauptsächlich Sumpfreis. Der schwarze Büffel diente als Zugtier. Nur bei dem hohen Bildungsstande der Bewohner und der Dichtigkeit der Bevölkerung war es möglich, große Strecken des tropischen Urwaldes in Ackerland zu verwandeln; die fruchtbaren Aschenböden gaben den Javanern Gelegenheit, diese Gebiete durch Pflugbau auszunutzen. Auf Sumatra war der Pflug bei den Batak im Gebrauch. In Teilen der Hochfläche der Batak, die im Regenschatten der die Hochfläche umgebenden Gebirge lagen, machte sich jedoch die Trockenheit für den Dauerpflugbau hindernd bemerkbar.

β) In Galerie- und Uferwaldsteppen Asiens.

Pflugbau als Dauerfeldbau wurde an manchen Orten Asiens in Galerie- und Uferwaldsteppen dadurch ermöglicht, daß der Mensch die künstliche Bewässerung einführte (siehe Regenzeitfeldbau).

B. Pflugbau als Regenzeitfeldbau.

α) In Galerie- und Uferwaldsteppen.

Pflugbau als Regenzeitfeldbau fand man in den Galerie- und Uferwaldsteppen Vorderindiens. Wo die Verhältnisse es gestatteten, war man durch Einführung der künstlichen Bewässerung zum Dauerfeldbau übergegangen. Man hatte Kanäle, Ziehbrunnen mit querüberlaufender Holzwelle, mit deren Hilfe man Wassersäcke aufwand, und die *picotta* angelegt, einen Ziehbrunnen, dessen lange Hebelarme das Sinken und Steigen des Kübels erleichterten. Im nördlichen Ceylon sammelte man das Wasser zur Regenzeit in Sammelbecken,[1]) um es in der Trockenzeit zur Bewässerung der Felder zu verwenden. Die Singhalesen[2]) in Südceylon pflegten Terrassenkultur mit künstlicher Bewässerung. Hirse, Reis, Weizen, Bohnen waren die hauptsächlichsten Anbauprodukte Vorderindiens. Als Zugtiere dienten Büffel und Zebu. Der Pflug war ganz aus Holz gefertigt. Die Erdschollen wurden durch brettartige Ackerschleifen, auf denen der Ochsentreiber stand, zerbrochen, während die Egge hie und da durch ein Bündel Dorngestrüpp ersetzt wurde. Der Wald war in Vorderindien in großem Umfange geschlagen und eine Kulturlandschaft an seine Stelle getreten.

In Hinterindien war der Pflug nur vereinzelt in den Trockenhochwaldgebieten im Gebrauch. Unter den kleinen Sundainseln war es Bali, auf der Pflugbau betrieben wurde; auch hier hatte man, um den Anbau auch in der Trockenzeit zu ermöglichen, Terrassen mit künstlicher Bewässerung angelegt.

β) In warmen Hochgebirgssteppen und den südlich sich anschließenden Uferwaldsteppen.

Auch nach Abessinien fand der Pflug seinen Weg. In den warmen Hochgebirgssteppen dieses Landes, in denen Regen- und Trockenzeit scharf ausgeprägt sind, wurde Pflugbau als Regenzeitfeldbau getrieben. Mit Beginn der Regenzeit[3]) wurde der Boden zweimal hintereinander gepflügt oder gelockert und beim zweiten Male die Saat durch Pflügen unter den Boden gebracht. Um die trockene Jahreszeit möglichst unwirksam zu machen, hatte man an den Berghängen Terrassenbewässerung[4]) eingeführt. In Kanälen und Gräben aus Stein und Ton wurde das Wasser herbeigeleitet. Man hatte Fürsorge getroffen, die Überschwemmung der Felder durch Entwässerung zu verhüten. Solche Kulturen fand man an den Nordwestabhängen des Gebirges östlich von Addis-Abeba, im Gebiete der Tigreaner und Agau. Im südlichen Abessinien trieben die Negersklavenvölker, zu denen die Galla zählen, in den fieberreichen Flußtälern Pflugbau, während sie ihre Wohnsitze auf den Höhen hatten. Brandkultur und Brachwirtschaft spielten eine große Rolle. Neben dem Pfluge war ein lanzenförmiger, oft mit einem Steine beschwerter Grabstock, der Doma, beim Feldbau im Gebrauch. Die Baduan,[5]) Bewohner der Landschaft Samhar, die ursprünglich Nomaden waren und Kamele, Rindvieh, Schafe und Ziegen hielten, wußten den Pflugbau mit der Viehwirtschaft geschickt zu verbinden, indem sie zur Zeit des Sommerregens auf der Hochweidenstufe, und im Winter an den nördlichen Abhängen des Gebirges, wo Winterregen herrscht, Anbau trieben. Mit ihren Herden zogen sie zu diesem Zwecke hin und her.

---

[1]) Schmarda, Ludw. K., Der südwestliche Teil von Ceylon. Globus 7. 1865. I. S. 209.
[2]) Derselbe. S. 209.
[3]) Rein, Abessinien. Berlin 1918—1920. Bd. II. S. 294.
[4]) Derselbe, Bd. II. S. 285—286.
[5]) Heuglin, von, Reise nach Abessinien. Jena 1868. S. 78—80.

γ) In Hartlaubländern mit Winterregen.

Pflugbau als Regenzeitfeldbau war auch in den Hartlaubländern mit Winterregen im Gebrauch. Der Regen fällt im Herbst, Winter oder Frühling. Die Hartlaubländer sind da, wo sie an Salzsteppenländer grenzen, Winterregensteppen. Diese gehen nach Norden zu in die eigentlichen Hartlaubgebiete über. In ersteren sind die Winter feucht und mild, die Sommer dagegen heiß und trocken. In den nördlichen Hartlaubländern sind die Winter kälter, die Sommer heiß. Diese Umstände bestimmen die Anbauverhältnisse. Die Hauptwirtschaftsform dieser Gebiete war der Pflugbau. Zu den Hartlaubländern muß man zählen: Samaria, Galiläa, Syrien, Algier und Marokko. In diesen Gebieten fällt der erste Regen im Oktober; es wird der Boden gepflügt und bei später auftretendem Regen die Aussaat gemacht. Im Frühling wird in den Küstenstrichen dieser Gebiete die reifende Ernte häufig von Tau benetzt, während dann im Sommer unter den Strahlen der Sonne alles verdorrt. Marokko, das vom Atlantischen Ozean her mehr Feuchtigkeit bekommt, zeitigt in den Küstengebieten zwei Ernten im Jahre, die eine am Ende des Herbstes, die andere am Ende des Winters. Begünstigt ist dieser Landstrich noch besonders durch das Vorkommen von Schwarzerden, *tirs*[1]) genannt, die ohne Düngung und künstliche Bewässerung angebaut werden können. In den Hartlaubgebieten bevorzugte man wegen der Wasserverhältnisse die Flußebenen. In den Gebieten, die an Salzsteppen grenzen und deren Charakter annehmen, wie Tunesien und Judäa, und mit häufigen Mißernten rechnen müssen, suchte man durch ausgedehnte Fruchtbaumkultur, die in schön angelegten, teils künstlich bewässerten und wohl geschützten Gärten gepflegt wurde, einen Ausgleich zu schaffen. Auf den Feldern gediehen Weizen und Gerste, in den Fruchtgärten der Weinstock, der Feigen-, Öl- und Johannisbrotbaum. Neben dem Pflugbau wurde Viehwirtschaft im größeren Maße auf dem Tell in Algier, in Marokko und Tunesien betrieben. In Marokko war infolge äthiopischer Einwanderung die Hacke durch den Pflug[2]) ersetzt worden. In alle diese Gebiete drangen die Europäer früh ein; sie haben aber an den Wirtschaftsverhältnissen und Wirtschaftsformen wenig zu ändern vermocht.

In den weiter nördlich gelegenen Hartlaubgebieten treten strengere Winter auf als in den bisher geschilderten. Der Anbau verschiebt sich mehr in den Frühling. Gebirge, die sich in diesen Gebieten: in Kurdistan, Kleinasien, Armenien und Kaukasien auftürmen, haben reichen Schneefall, der bei der Schneeschmelze im Frühjahr die Flüsse reichlich speist und damit dem Feldbau, bei dem stellenweise auch künstliche Bewässerung angewandt wird, zugute kommt. Wegen der hohen Feuchtigkeit, die im Frühjahr in den Gebirgen herrscht, hatte sich dort an manchen Orten die Mattenwirtschaft entwickelt. Besonders wurden Schaf und Ziege gehalten. In die Küstengebiete Kleinasiens waren schon früh Europäer, Griechen, eingedrungen; die Art ihrer Feldbestellung wich jedoch von derjenigen der älteren Einwohner kaum ab; dagegen war ihr Wohngebiet durch die Lage am Meere wegen größerer Feuchtigkeit begünstigt.

---

[1]) Bernard, Augustin, Le Maroc. Paris 1913. S. 168.

[2]) Schanz, Moritz, Nordafrika, Marokko. Halle a. S. 1905. S. 61.

Γ. Pflugbau als Trockenzeitfeldbau.

α) In Galeriewaldsteppengebieten.

In Galeriewaldsteppen treten die Ströme zur Regenzeit über ihre Ufer und setzen das niedrige Gelände meilenweit unter Wasser; ganz besonders ist dies der Fall, wo ein Netz von Flüssen sich ausbreitet, wie in Bengalen; nur die auf Wurten gebauten Dörfer ragen aus den Fluten hervor; der Verkehr muß auf dem Wasser bewerkstelligt werden. Trat in diesen Gebieten zu Beginn der Trockenzeit die Flut zurück, so schritt man mit dem Pfluge zur Feldbestellung. Die Ernte reifte in der Trockenzeit heran.

Δ. Pflugbau als Sommerfeldbau.

α) In subtropischen und subtropisch gemäßigten Monsunwaldländern Ostasiens und den sich anschließenden Waldsteppengebieten.

In Ostasien finden sich Gebiete, in denen zur Zeit des Bekanntwerdens ihrer Bewohner mit den Europäern Pflugbau als Sommerfeldbau getrieben wurde, da strenge Winter den Feldbau ausschlossen. Hierher sind Korea und die Mandschurei zu rechnen; beide gehören zu den Monsunwaldländern Asiens. Während man jedoch Korea mehr dem subtropischen Gebiete zurechnen muß, liegt die Mandschurei schon in dem subtropisch gemäßigten. In der Mandschurei dauert der Winter bis in den März. Dann fängt der Südwestmonsun an zu wehen, der Wärme und Feuchtigkeit vom Süden bringt. Ende März beginnt man zu pflügen; der Untergrund ist aber noch gefroren. Ende April, wird der Weizen gesät und schon Ende Juni oder Anfang Juli geschnitten. Heftige Gewitter mit strömendem Regen gehen nieder und schwemmen den durch Winterkälte und Sonnenstrahlung stark gelockerten Boden von den Berghängen hinab in die Flußtäler und Ebenen. Auf diese Weise entstand der fruchtbare Boden der Mandschurei.

Selbst in die wegen großer Feuchtigkeit ungünstiger gestellten Amurgebiete war der Pflug durch die Mandschurei zu den Biraren[1]) am Amur oberhalb des Burejagebirges und zu den Djutscheren[2]) gekommen. Da die Anbauverhältnisse hier in gewissem Grade unsicher sind, beschäftigte man sich, besonders in höher gelegenen Teilen, auch mit Viehzucht und trieb Fischerei und Jagd, denen man in früheren Zeiten obgelegen hatte, weiter.

β) In Randgebieten der Kältesteppen.

Pflugbau als Sommerfeldbau wurde auch in den Randgebieten der Kältesteppen, besonders in Tälern, in denen bessere klimatische Verhältnisse herrschten, getrieben. Solche Gebiete finden sich in den westlichen Abdachungen des Plateaus von Pamir, in der Karakorumkette und im Trans-Himalaja, sowie in den Grenzlandschaften gegen China, in Tsaidam, Kukunor, Kham und Si-fan. Wäh-

---

[1]) Schrenck, Leop. von, Reisen und Forschungen im Amurlande. St. Petersburg 1891 III. Bd. S. 379.

[2]) Derselbe. S. 467.

rend auf dem Plateau von Pamir selbst im Juni und Juli oft Temperaturen von 5 bis 8^0 unter Null vorkommen, eisige Stürme über die Hochebene dahinbrausen und keinen Baumwuchs aufkommen lassen, finden wir in den Tälern, in denen die Pamirtadschik[1]) wohnen, noch in 2750 m Höhe Weizenfelder und Aprikosen. Das Klima dieser Gegenden läßt jedoch nur Sommerfeldbau zu. Die Lage der Felder ist durch die topographischen Verhältnisse der Täler bedingt. Der Anbau wurde auf den Flußterrassen und auf Schuttkegeln betrieben. Das aride Klima machte manchenorts künstliche Bewässerung nötig. Teils leitete man das Wasser in Kanälen von den Bergen auf die Terrassen hinab, während man für die Schuttkegel nur die Flüsse anzuzapfen brauchte. Angebaut wurden: Weizen, Gerste, Bohnen und Hirse. Als Ackergerät diente ein hölzerner, von zwei Ochsen gezogener Hakenpflug. Gedüngt wurde nicht immer, dagegen die Brache angewandt. In den oben zuerst bezeichneten Gebieten, in denen Tibetaner wohnten, fand man ähnliche Verhältnisse. Als Zugtier diente ihnen der Jak oder Grunzochse. Die Viehzucht hatte hier eine größere Bedeutung als bei den Pamirtadschik.

bb) Pflugbau als Ergänzungswirtschaftsform, und zwar

A. neben Oasenkultur.

α) In Trockengebieten Nordafrikas und Asiens.

Es wurde bereits darauf hingewiesen, daß der Pflug in den Gebieten mit Oasenkultur angewandt wurde, aber neben den Pflanzgeräten eine minder wichtige Rolle spielte. In Asien hatte der Pflug auf allen Oasen Eingang gefunden, in Afrika fand er jedoch nur auf den Oasen der nördlichen Sahara eine Stätte. Nach Süden hin drang er nur bis Agades[2]) und Sockna[3]) vor. Gelegentlich wurde der Pflug auch wohl einmal benutzt, um Felder, die außerhalb der künstlichen Bewässerung lagen, zu bearbeiten, wenn diese durch einen zufälligen Regen Feuchtigkeit erhalten hatten und so vorübergehend für den Feldbau tauglich geworden waren.

B. neben Pflanzbau als Sommerfeldbau.

α) In Monsunwaldländern Ostasiens.

Auch in Japan und Nordchina, wo der Pflug eingedrungen war, spielte er, wie schon angedeutet wurde, eine nebensächliche Rolle.

---

[1]) Schultz, Arved, Die Pamirtadschik. Gießen 1914. S. 23—25.

[2]) Barth, Reisen und Entdeckungen in Nord- und Zentralafrika. Gotha 1857. Bd. I. S. 428.

[3]) Denham, Clapperton and Oudney, Narrative of travels in North and Central-Africa. London 1826. Bd. II. S. 202.

Γ. neben nomadisierender Viehwirtschaft.

α) In Trockengebieten.

Vereinzelt fand man nomadisierende Stämme, die im allgemeinen ihre Ackerbauprodukte durch Tausch zu erwerben pflegten, aber auch hin und wieder ein Stück Land, das gelegentlich Regen erhielt, bebauten. Zur Bewirtschaftung desselben diente dann der Pflug. So trieben die Turkmenen[1]) durchweg nomadisierende Viehwirtschaft und zogen von einem Brunnen oder Grasplatze nach dem anderen. Fand ein Aul auf seiner Wanderung eine Stelle, die vom Regen genügend befeuchtet war, so säte man wohl Hirse und Weizen, die in zwei Monaten reiften. Nach der Ernte zog der Aul weiter. In ähnlicher Art bauten nomadisierende Stämme der nördlichen, marokkanischen Sahara in den zeitweilig Wasser führenden Trockenflußbetten *(mader)*[2]) an. Die gleichen Verhältnisse fand man auf der Südabdachung der Halbinsel Barka.

2. Viehwirtschaft.

aa) Als Hauptwirtschaftsform.

α) In Galeriewaldsteppen auf den Höhenstufen.

Ursprünglich deckte der Mensch seinen Bedarf an Fleischnahrung durch Fischerei und Jagd. Er ging dann zum Feldbau und später zur Viehzucht über. Zur Zeit des Bekanntwerdens mit den Europäern war die Viehzucht in Asien und Afrika ziemlich verbreitet. Es wird angenommen, daß sie ihren Ursprung in Westasien hatte. Es gab Völker, die die Viehwirtschaft als Hauptwirtschaftsform, und solche, die die Viehwirtschaft nur als Ergänzungswirtschaftsform neben Feldbau pflegten. Die Völker, die Viehwirtschaft als Hauptwirtschaftsform betrieben, führten ein Nomadenleben. Die pflanzlichen Produkte, die sie zu ihrer Lebensführung nötig hatten, suchten sie durch Tausch von benachbarten, Feldbau treibenden Völkern zu erwerben. Bei einzelnen nomadisierenden Völkern kam auch ein ganz geringer Anbau vor. Alle diese, auch die zuletzt genannten Völker, hat man als reine Nomadenstämme bezeichnet. Gewinnt der Anbau größere Bedeutung, dann spricht man wohl auch von Halbnomaden.

Für die Viehwirtschaft dienen als Grundlage Weiden, die sich teils in Gebirgen, teils in Ebenen befinden. Solche Weiden finden wir in den Galeriewaldsteppen als Höhenstufe; es sind die Nebelwald- und Hochweidenstufe. Auf solchen Hochweiden traf man auf dem Hochlande von Ruanda in Afrika die Wa-Hima[3]) oder Wa-Tussi, die wahrscheinlich aus dem Norden eingedrungen waren und die dort lebenden Bantuvölker: Wa-Hutu und Wa-Pororo unterworfen hatten. Mit viel Hingabe züchteten sie ein langhörniges Rind, das sie in großer Zahl besaßen. Diese Tiere lieferten täglich je 3 bis 4 Liter Milch. Nur krankes und ge-

[1]) Karutz, R., Unter Kirgisen und Turkmenen. Leipzig 1911. S. 30.

[2]) Bernard, Augustin, Le Maroc. Paris 1913. S. 166. 167.

[3]) Weiß, Max, Die Völkerstämme im Norden Deutsch-Ostafrikas. Berlin 1910. S. 42—48.

fallenes Vieh wurde geschlachtet. Außer dem Rinde züchteten sie Schafe und Ziegen, die sie wohl von den Bantunegern bekommen hatten. Diese Nomadenvölker trieben keinen Ackerbau, sondern tauschten sich die Produkte des Pflanzenreiches gegen Milch und Butter von den ackerbautreibenden Bantunegern ein.

Auf der gleichen Höhenstufe fand man in den Galeriewaldsteppengebieten Vorderindiens in den Nilgiris den Viehzuchtnomadenstamm der Toda.[1]) Sie hatten große Büffelherden, deren Milch sie genossen. Sie lebten in einer Art symbiotischer Lebensgemeinschaft mit dem Feldbau treibenden Volke der Bagada, das ihnen im Austausch die nötigen Vegetabilien lieferte.

β) In Uferwaldsteppen.

Auch Teile der Uferwaldsteppen wurden von Viehzucht treibenden Nomaden als Wirtschaftsgebiet benutzt. Hier sind die Fulbe zu nennen, die etwa um 1800 aus den Trockengebieten in die Uferwaldsteppen des westlichen Sudan eindrangen, die dort wohnenden Sudanneger unterwarfen und die Fulbestaaten gründeten. Hier haben wir wieder ein Beispiel, daß ein Pflanzbau treibendes Volk — denn ein solches waren die Sudanneger — von Nomaden abhängig wurde.

Auf dem abflußlosen Rumpfschollenlande Ostafrikas, das zu den Uferwaldsteppen gehört, befaßten sich in der 1800 m hohen, welligen, parklandschaftartigen Massaisteppe das Volk der Massai,[2]) ein aus den Nilländern stammendes Semitenvolk, und die Tatoga mit nomadisierender Viehwirtschaft als Hauptwirtschaftsform. Pflanzbau wurde nicht getrieben. Die Vegetabilien wurden von den Nachbarvölkern eingetauscht. Die Viehwirtschaft erstreckte sich auf Buckelrind, Fettschwanzschaf und Ziege. An saftigen Weideplätzen[3]) fehlte es in der Massaisteppe nicht, auch nicht an Salzlecken, die sich in diesen Gebieten bilden. War ein Gebiet abgeweidet, so zog man weiter. Die errichteten Krale ließ man für spätere Benutzung stehen.

γ) In Trockengebieten.

Für die Viehwirtschaft geeignet waren auch die Salzsteppen in den Trockengebieten. Solche Salzsteppen findet man in Südwestafrika, wo die Herero[4]) und Hottentotten als Viehzuchtnomaden lebten; auch sie züchteten ein langhorniges Rind; außerdem hielten sie noch Herden von Fettschwanzschafen. Als Nahrung diente ihnen vorzugsweise Dickmilch *(omaire)*. Fleisch wurde nur bei festlichen Angelegenheiten gegesssen. Man zog mit den Herden dorthin, wo gelegentlich Regen niederging und frisches Grün aufsprießen ließ. In trockenen Zeiten suchte man die Wadis auf, in diesen wurden gelegentlich auch ein wenig angebaut. In schlechten Jahren wurden auch Beeren als willkommene Beigabe gesammelt.

---

[1]) Der Stamm der Nilgherris und seine Gebräuche. Globus 18. 1870. II. S. 353.
[2]) Merker, M., Die Massai. Berlin 1910. S. 161ff.
Thomson, Jos., Durch Massailand. Leipzig 1885, S. 363.
[3]) Weiß a. a. O. S. 374.
[4]) Irle, J., Die Herero. Gütersloh 1906. S. 113.

Als die Holländer um 1600 in das Kapland kamen, fanden sie dort die Hottentotten[1]) mit ihren Herden. Da diese Gegend zu den Hartlaubländern gehört und Winterregen erhält, waren die Weideverhältnisse günstiger, und auch der Feldbau, den man nebenbei trieb, war auf eine bessere Grundlage gestellt. Die Hottentotten errichteten einen Kral,[2]) dessen Hütten einen Kreis mit einem einzigen Zugang bildeten. Kleinvieh und Kälber wurden im Innern des Krales untergebracht, während das Großvieh außerhalb mit gekoppelten Füßen stehen blieb.

In den nordafrikanischen Trockengebieten der Sahara lebten in den noch regelmäßig Regen empfangenden Salzsteppen Viehzucht treibende Nomaden, arabische Stämme und die Tuareg. Bei allen spielte die Viehwirtschaft eine große Rolle. Sie besaßen Kamele, Schafe und Ziegen. In Zeiten mit größerem Niederschlag zerstreuten sich die Stämme, während in der trocknen Jahreszeit ein Zusammenströmen derselben in den Wadis stattfand. Solche Wadis finden sich beispielsweise in der Ebene von Titersin in großer Zahl vereinigt. Auf den ersten Anblick pflegen weite Strecken der Sahara als Wüste zu erscheinen, und doch bedecken sie sich bei plötzlich eintretendem Regen schnell mit einem grünen Teppich. Flächen, die vorher nackt und öde dalagen, prangen in zwei Tagen im hellsten Grün, während eine Woche genügt, den Graswuchs soweit zu fördern, daß die Flächen abgeweidet werden können. Von den Tuaregs wurde diese spontane Entwicklung des Pflanzenwuchses *rebia*[3]) genannt. Da, wo sich aus der Sahara Gebirge erheben, die teilweise Regenwald tragen, pflegen sich Salzsteppentäler zu finden, die von den Tuareg für die Viehzucht ausgenutzt wurden. Bei einigen, am Nigerknie[4]) nomadisierenden Stämmen hatten sich eigenartige Verhältnisse entwickelt. Die Züchtung des Kameles war aufgegeben und dieses durch Hornvieh ersetzt. Um die Flußufer und Inseln im Strome abweiden zu lassen, trieb man die Herden von Ufer zu Ufer und von Insel zu Insel. Jagd und Sammelwirtschaft wurden nebenbei getrieben, sonst verschaffte man sich Pflanzennahrung durch Tausch von den Oasenbewohnern; einzelne der Nomadenstämme besaßen selbst Oasen, auf denen besonders die Dattelpalme wuchs. Zwischen dem Zousfoma und dem Tafilet nomadisierten die Ouled-Djerir und die Douï-Menia. Im Frühling zerstreuten sie sich der Weide wegen und kehrten im Herbst zu den Dattelpalmoasen[5]) zurück. Weite Gebiete der Sahara, wie die Sandwüste Areg oder die steinige Hamada, die in einer Breite von mehreren Hundert Kilometern den Norden von dem Sudan trennt, sind wirtschaftsfeindlich und weder für den Feldbau noch für die Viehwirtschaft nutzbar.

Auch in den Trockengebieten östlich des Nils fand man nomadisierende Viehzuchtstämme, unter ihnen auf der Halbinsel Somali die Danakil[6]) und Somali,

[1]) Schultze, Leonhard, Aus Namaland und Kalahari. Jena 1907. S. 254.

[2]) Kolb, Peter, Beschreibung des Vorgebirges der guten Hoffnung und der darauf wohnenden Hottentotten. Frankfurt u. Leipzig 1745.

[3]) Chavanne, Jos., Die Sahara. Wien-Pest-Leipzig 1879. S. 143.

[4]) Derselbe. S. 462.

[5]) Bernard, Augustin, Le Maroc. Paris 1913. S. 145.

[6]) Faurot, L., Observations ethnographiques sur les Danakils du Golf de Tadjoura. Revue d'Ethnographie. Paris 1887.

sowie die Bedja. Ihre Herden bestanden aus Kamelen, Fettschwanzschafen und Ziegen, während Teile dort nomadisierender Galla das Buckelrind züchteten. Nur an ganz vereinzelten Stellen wurde etwas Pflanzbau betrieben, so z. B. am See von Aussa und am Busen von Tadschurra, weiter nordwärts Pflugbau.

Vom Ostjordanlande an trieben in den arabischen Salzsteppen Araber nomadisierende Viehwirtschaft; auch hier ergänzten sich je nach der Jahreszeit die höher gelegenen Salzsteppenplatten und die Wadis.

In Iran beschäftigten sich semitische Stämme mit der nomadisierenden Viehwirtschaft. Während man in Afrika durchgehends Flächennomadismus vorfand, trat in Iran häufig der Gebirgsnomadismus an dessen Stelle.

Turkmenen und Kirgisen nomadisierten in den Salzsteppengebieten Westturkestans, in den sich nordwärts anschließenden Steppen und in den Waldsteppen. Es herrschte der Flächennomadismus. Im Winter hatten diese Völker ihre Weiden in südlicher gelegenen Tälern. Im Frühjahr brach man mit den Herden auf und zog nach Norden. Das hochaufgeschossene Gras erlaubte dann wohl ein wochenlanges Verweilen an einem Orte. Man zog immer weiter durch die Steppen und Waldsteppen des Mittelgürtels, bis man dann Mitte August den Rückmarsch antrat. Im November wurden die Winterweideplätze wieder erreicht. Für diese bildete nach Tauwetter eintretender Frost, der die Schneedecke mit dichter Eiskruste überzieht, die größte Gefahr; denn in diesem Falle können selbst Pferde, denen sonst die Aufgabe zufällt, den Boden zu säubern, diesen mit ihren starken Hufen nicht schneefrei machen. Trat dieser Fall ein, so war die Folge, daß große Teile der Herden eingingen. Von den Turkmenen und Kirgisen wurden besonders Kamele, Schafe und Ziegen gehalten. Die Pflanzennahrung erhielten diese Völker durch Tausch; sie ließen auch wohl in der Nähe der Winterweiden in Flußniederungen während des Sommers Feldbau treiben, mit dem besonders solche Stammesgenossen betraut wurden, die ihre Herden verloren hatten.

Im Tienschangebirge wohnten Kirgisen, die Gebirgsnomadismus trieben. Wenn im Winter das Hochgebirge stark verschneit war, zogen sie sich in die Täler und Vorgebirge zurück. Hier hatten sie ihre Winterweiden. Wenn der Sommer kam, vertrockneten diese; Quellen und Bäche versiegten. Dann wanderte der Kirgise in das Hochgebirge, um die nach der Schneeschmelze sich begrünenden Weiden, die infolge der Sommerregen dauernd grün bleiben und eine vorzügliche Ernährung der Herden gewährleisten, aufzusuchen.

Auch in den Salzsteppen nördlich von China trieben mongolische Stämme nomadisierende Viehwirtschaft.

δ) In Kältesteppen und Randgebieten.

In Tibet, das zu den Kältesteppen gerechnet wird, fand man eine Anzahl nomadisierender Stämme, die man nach China hin mit dem chinesischen Namen Si-Fan bezeichnete. Sie hielten Jak, Schafe und kleine Wildpferde. Als Nahrung dienten Milch und deren Produkte: getrocknete Milchkugeln, Käse, ferner Kumys (gegorene Stutenmilch), während das Nationalgericht aus Ziegeltee, mit Butter und Salz angerührt, bestand. Das viereckige Zelt, dessen Decken aus

Jakhaaren hergestellt wurden, bot den Nomaden Unterschlupf. Selbst auf den südlichen Abdachungen des Himalajagebirges wurde in höheren Lagen von den Tibetanern nomadisierende Viehwirtschaft gepflegt. Die Jagd war durch den Buddhismus in weiten Gebieten unterdrückt. Beeren, Wurzelknollen, wildwachsende Gemüse und Brennesseln wurden, wo sie sich boten, gesammelt.

ε) In Nadelwaldgebieten.

Stämme der Tungusen trieben in den Nadelwaldgebieten Ostsibiriens eine Art Gebirgsnomadismus. Sie züchteten das Bergren. Den Sommer verbrachten sie auf den gegen 1500 m hohen Matten der Gebirge, während sie sich im Winter an den Fuß des Gebirges, in den Schutz des Nadelwaldes zurückzogen.

In den an die Nadelwälder südlich grenzenden Waldsteppengebieten bestand auch bei Teilen der Sojoten im Sajanischen Gebirge und bei Tatarenstämmen in der grasreichen Barabinskersteppe Viehwirtschaft als Hauptwirtschaftsform, ebenso bei Teilen der Jakuten im Flechtenwalde der mittleren Lena.

ζ) In nördlichen Kältesteppen.

In den nördlichen Kältesteppen wurde die nomadisierende Viehwirtschaft in der Tundra und in dem sich anschließenden, flechtenreichen Tundrawalde ausgeübt. Im letzteren fanden die Herden im Winter Schutz und Nahrung, während in der Tundra eisige Stürme daherbrausten. Im Frühjahr jedoch verließ der Nomade den Wald, um die ausgedehnten Tundrastrecken abzuweiden und gleichzeitig der Mückenplage im Tundrawalde zu entgehen. Ein solches Nomadenleben führten die Samojeden und Jakuten, Teile der Tungusen und die Renntiertschuktschen. Das eigentliche Herdentier war das Ren. Die Jakuten, ein Turkvolk, das im 13. Jahrhundert in diese Gebiete eingedrungen war, hatten das Rind mitgebracht, das auch beibehalten wurde. In der Tundra, dem Tundrawald und den Nadelwaldgebieten spielten die Ergänzungswirtschaftsformen eine große Rolle. Sammelwirtschaft, Fischfang und Jagd wurden nebenbei betrieben. Besonders waren bei den Tungusen in diesen Gebieten die Wirtschaftsformen labil, sodaß bald die eine, bald die andere ausschlaggebende Bedeutung hatte. Feldbau wurde nicht getrieben.

bb) Viehwirtschaft als Ergänzungswirtschaftsform.

Neben Pflanz- und Pflugbau wird die Viehwirtschaft oft als Ergänzungswirtschaftsform gepflegt. Neben dem Pflanzbau pflegt die Groß- und Kleinviehwirtschaft parallel herzulaufen, ohne daß beide in innige Berührung miteinander treten; nur an manchen Stellen wird der Mist der Tiere verwandt. Anders liegt die Sache beim Feldbau, der von der Haltung von Großvieh abhängt. Die Tiere müssen den Pflug ziehen. Überdies erschöpft sich das stets in Kultur bleibende Feld, sodaß ihm Dungstoffe zugeführt werden müssen, die das Vieh liefert.

α) In tropischen Regenwaldgebieten.

Die tropischen Regenwaldländer sind für Großviehzucht im allgemeinen ungeeignet; dennoch hatte dieselbe auch in diese Gebiete ihren Einzug gehalten.

So wurde in den tropischen Regenwaldgebieten an der Küste Malabar das als Pflugtier dienende Buckelrind gezüchtet. Da, wo in die tropischen Regenwaldgebiete Hinterindiens und seiner Inselwelt der Pflug eingedrungen war, wurde der schwarze Büffel als Pflugtier gezüchtet. An manchen Stellen hatte auch das Rind Eingang gefunden, so auf Java und dem Hochlande der Batak. Auch einige Pflanzbau treibende Stämme hatten den schwarzen Büffel eingeführt, der beispielsweise im Innern Südsumatras bei den Lampong zum Eintreten der Saat benutzt wurde; auch bei den Toradja auf Celèbes ist die Büffelhaltung alt. In den tropischen Regenwaldgebieten wurde neben dem Großvieh auch Kleinvieh gehalten; letzteres kam auch an einigen Orten vor, an denen man zur Großviehzucht noch nicht geschritten war.

β) In Galeriewaldsteppen.

Auf der Fußstufe der Galeriewaldsteppen Afrikas wurde neben Pflanzbau nur Kleinviehwirtschaft getrieben. Nur auf der Hochweidenstufe dieser Gebiete hielt man neben derselben auch Großvieh; so war es z. B. bei den Malgaschen auf Madagaskar und im Hochlande von Uganda und Urundi. In Indien, wo der Trockenhochwald in großem Maße geschlagen war, war die Großviehzucht ziemlich verbreitet.

Auf den Philippinen wurde auf Luzon neben dem Pflanzbau der Kerabaubüffel gehalten.

γ) In Uferwaldsteppen.

In großen Teilen der Uferwaldsteppen Afrikas bestand Großviehwirtschaft neben dem Pflanzbau. Während der Trockenzeit boten die Flußniederungen gute Weide, wogegen man in der Regenzeit die Steppenplatten ausnutzte. So war es bei den Marotse am oberen Sambesi und im Lande der Dinka und Schilluk an den Ufern des Weißen Nils und des Bahr-el-Ghasal.

Bei vielen Stämmen, die man unter dem Namen Kaffern zusammenfaßt, hatte die Großviehwirtschaft eine derartige Ausdehnung, daß es zweifelhaft erscheinen konnte, ob es sich um eine Ergänzungswirtschaftsform neben Pflanzbau, oder um eine Hauptwirtschaftrform handele.

Auch in den Uferwaldsteppen Vorderindiens bestand Viehzucht neben dem Pflugbau.

δ) In warmen Hochgebirgssteppen.

In den warmen Hochgebirgssteppen Abessiniens, besonders im Gebiete der Deka, wurde auf den saftigen Weiden Großviehwirtschaft neben Pflugbau getrieben.

In den warmen Hochgebirgssteppen Südamerikas wurde im Inkareiche, besonders auf den Hochweiden und Mattenflächen, eine sich auf Lama und Alpaka erstreckende Viehwirtschaft gepflegt. Unter Umständen wurden die Grasflächen sogar künstlich bewässert. Man benutzte die Tiere besonders als Lasttiere und zur Wollgewinnung, weniger zur Befriedigung des Nahrungsbedürfnisses.

ε) In Trockengebieten neben Oasenkultur.

Im allgemeinen gering war die Viehhaltung bei den festsässigen, Oasenkultur treibenden Völkern in den Trockengebieten, da durchweg die Weide fehlte.

ζ) In Hartlaubsteppengebieten neben Pflugbau.

In den Hartlaubsteppengebieten der Alten Welt spielte die Viehwirtschaft neben dem Pflugbau eine große Rolle, so in Marokko, Algier, Tunesien und Syrien. Niederschlagsverhältnisse zwangen diese Völker, regelmäßig mit ihrem Vieh Wanderungen vorzunehmen.

η) In Hartlaubwaldländern (oft Höhenstufe).

In den Hartlaubwaldländern Vorderasiens wurde die Viehwirtschaft vielfach als eine Art Almenwirtschaft getrieben.

ϑ) In Monsunwaldländern Ostasiens und den anschließenden Waldsteppengebieten.

In Japan und China bestand neben dem Pflanzbau Kleinviehzucht. Nur für den Pflugbau benötigte man den Büffel, den man daher vielfach in der Mandschurei und auf Korea antraf.

ι) In Nadelwaldländern und anschließenden Waldsteppengebieten.

Manche Völkerstämme in den asiatischen Nadelwaldländern und deren Randgebieten, deren Hauptwirtschaftsformen Fischfang, Jagd und Sammelwirtschaft waren, trieben Renntierzucht als Nebenwirtschaft. Hier sind zu nennen: die Burjäten, Teile der Sojoten, der Tataren, der Jakuten und Tungusen.

VIII. Einfluß der Wirtschaftsformen auf die Landschaft:

durch Jagd, Sammelwirtschaft, Fischfang, Viehwirtschaft und Anbau (Pflanzbau, Pflugbau).

Durch den Betrieb der Jagd, des Fischfangs und der Sammelwirtschaft wurde die Landschaft im allgemeinen wenig verändert; Wildzäune und Wehren für den Fischfang traten im Landschaftsbilde kaum merklich hervor. Eine größere Wirkung hatten schon die von Jägern in den Steppen angelegten Feuerbrände, die das Aufkommen von Buschwerk verhinderten; auch die Viehwirtschaft hatte in dieser Hinsicht nur geringen Einfluß, wenn auch Steppenbrände hervorgerufen wurden, um das Aufsprießen frischer Weide zu ermöglichen. An manchen Stellen wurde allerdings durch Ziegenfraß das Aufkommen des Hochwaldes erschwert.

Ganz anders jedoch stand es beim Anbau. In sumpfigen Gebieten schuf man Pflanzungshügel. Da, wo Pflanzbau als Waldrodungskultur auftrat, brannte man das Buschwerk nieder und fällte Baumstämme. Die Wurzeln der größeren Bäume ließ man im Boden. Dieser erschöpfte sich bald und gab zu immer neuen Rodungen Anlaß. Auf diese Weise entstanden Raublandschaften, die eine besonders große Ausdehnung in Galeriewaldsteppen- und Trockenhochwaldgebieten gewannen, weil die hier ausgeprägten Trockenzeiten dem Menschen die Rodungsarbeiten wesentlich erleichterten; andererseits wurden ihm diese Arbeiten auf den Fußstufen der tropischen Regenwaldgebiete durch hohe Feuchtigkeit und üppige Vegetation sehr erschwert, sodaß er sich oft da, wo ihm technische Hilfsmittel unzureichend zur Verfügung standen, gezwungen sah, von umfangreicheren Rodungen abzusehen. Auf der Höhenstufe der letztgenannten Gebiete, im Nebelwalde, waren die Rodungsverhältnisse bedeutend günstiger und wurden an manchen Stellen wirtschaftlich ausgenutzt. Bei intensiverem Pflanzbau und beim Pflugbau wurden große Waldstrecken entfernt, und da sich die Viehzucht mit dem Anbau verband und Dünger lieferte, blieb der Boden beständig in Kultur, wenn auch hie und da die Brache eintrat. Durch die Niederlegung des Waldes wurde der Waldboden seines natürlichen Schutzes beraubt und der Boden bei schweren Regengüssen von den Berghängen oftmals hinabgespült. Diese Gefahr bestand besonders in den tropischen Regenwaldgebieten.

Durch künstliche Bewässerung, die Oasen in die Trockengebiete zauberte, wurde der Charakter der Landschaften besonders dann stark verändert, wenn es sich um Baumpflanzungen handelte.

Beim künstlichen Bewässerungsanbau verwandelte der Mensch Berghänge in Terrassen, legte Pflanzungsgruben an, leitete Flüsse ab und schuf Kanäle, die oft von Baumreihen eingefaßt waren.

Sumpfschilfgebiete, wie beispielsweise am Nil, wurden in Kulturlandschaften verwandelt; ihr Charakter wurde also wesentlich verändert. In den Monsunwaldgebieten Ostasiens, in China und Japan, waren die Naturlandschaften durch den dort intensiv ausgeübten Pflanzbau in große Kulturlandschaften verwandelt.

IX. Schlußbetrachtung.

Wir sahen, daß die außereuropäischen Völker, als sie in den europäischen Gesichtskreis traten, teils noch die aneignende Wirtschaftsform ausübten, teils bereits zur kultivierenden Wirtschaftsform übergegangen waren. Es ergab sich auch im allgemeinen, daß die Völker mit aneignender Wirtschaftsform durchweg in Gebieten saßen, die den Anbau treibenden Völkern wenig begehrenswert erschienen; es waren dies vielfach sogenannte Rückzugsgebiete.

Die Wirtschaftsformen hängen ab von menschlichen und geographischen Faktoren. Zu den ersteren gehören die psychologischen Faktoren. Ein Volk muß an Leib und Seele gesund sein und daher lebensfähig; denn nur so ist es imstande, sich zu entwickeln. Es kommt darauf an, ob es weichherzig und passiv oder willensstark und aktiv ist und sein Geschick selbst zu gestalten sucht. Von Wichtigkeit ist die geistige Entwicklung und der Umstand, ob es Kenntnisse der Naturvorgänge besitzt und diese richtig deutet, weil es nur so zur Beherrschung der Natur zu gelangen vermag. Bedeutungsvoll kann auch eine Einzelpersönlichkeit werden, wenn es ihr gelingt, sich mit ihrem Wissen und ihren Einsichten Ansehen zu verschaffen und Einfluß auf das Volk zu gewinnen und es wirtschaftlich zu heben. Denselben Einfluß kann unter Umständen auch eine Gruppe von intelligenten Menschen auf die Menge gewinnen. So unterband der Buddhismus die Ausübung der Jagd in Tibet. In ähnlicher Weise wirkten auch die Tabugesetze.

Wichtig ist in psychologischer Hinsicht auch, daß der Mensch als Einzelwesen nicht dauernd zu existieren vermag; er sucht die Gemeinschaft. So ergänzten sich, wie wir sahen, in der Familie Mann und Frau, indem letztere, ihren Anlagen entsprechend, andere Arbeiten verrichtete, ja unter Umständen eine ganz andere Wirtschaftsform ausübte als der Mann.

Viele Arbeiten: das Ausroden der Wälder, die Anlage von Terrassen, von Kanälen für die künstliche Bewässerung u. dgl., lassen sich nur ausführen, wenn Viele zusammenwirken. So lassen sich große Viehherden nur halten, wenn ein Stamm genügend Macht besitzt, sie vor räuberischen Eingriffen zu schützen. Wirtschaft und Gemeinschaft stehen in inniger Wechselbeziehung.

Zu den menschlichen Faktoren rechnet man auch die Schicksale der Völker. Es kann ein Volk ein anderes unterwerfen, ihm seine Wirtschaftsform aufnötigen, oder es aus seinem Wohngebiete verdrängen und es so zur Aufgabe der bisherigen Wirtschaftsform zwingen. Es kommt auch vor, daß ein Volk freundnachbarlich zu einem anderen in Beziehung tritt, wodurch eine Änderung seiner Wirtschaftsform herbeigeführt werden kann.

Die landschaftlichen Verhältnisse können sich in dreifacher Hinsicht äußern: anregend, neutral und verhindernd; anregend insofern, als die Bedingungen für eine bestimmte Wirtschaftsform in reichem Maße gegeben sind, neutral, wenn die Bedingungen die Ausübung einer Wirtschaftsform wohl gestatten, aber mäßig sind, verhindernd dann, wenn die Bedingungen für die Ausübung einer bestimmten Wirtschaftsform nicht mehr gegeben sind. So können die nördliche Lage, die Höhenstufe, der Wüstencharakter einer Gegend nicht nur Anbau und Viehzucht, sondern selbst Jagd, Fischfang und Sammelwirtschaft verhindern.

Unter Umständen kann auch das Vorkommen einer pflanzlichen oder tierischen Zufallsform auf die Wahl der Wirtschaftsform anregend, oder verhindernd wirken. Dies zeigte sich beispielsweise bei den Sammlern des wilden Reises an den Oberen Seen, bei den kalifornischen Eichelsammlern, bei der Bisonjagd der nordamerikanischen Prärieindianer und beim Vorkommen der Tsetsefliege am unteren Sambesi.

Aus unseren Darlegungen dürfte sich ergeben haben, daß der Mensch in den gleichen Landschaftsgürteln zu denselben Unterabteilungen der Wirtschaftsformen gelangt. Hat er sich für eine Wirtschaftsform entschieden, dann hängt er im hohen Maße von der Landschaft ab. Treibt er beispielsweise Pflanzbau, so können Temperaturverhältnisse ihn zum Sommerfeldbau zwingen, während Gebiete mit ausgeprägten Trockenzeiten ihn nötigen können, nur während der Regenzeit anzubauen. Von diesen landschaftlichen Verhältnissen suchte sich der Mensch freizumachen. Dies sahen wir an der künstlichen Bewässerung, durch die er versuchte, die Trockenzeit zu überwinden, sowie an dem Umstande, daß er in einer Landschaft die für die betreffende Wirtschaftsform geeignetsten Landschaftsteile auswählte und die jahreszeitlichen Wechselformen der Landschaft geschickt ausnutzte.

Bot eine Landschaft durch das Vorhandensein von Ergänzungslandschaftsteilen die Möglichkeit zur Ausübung verschiedener Wirtschaftsformen, so wußte sich der Mensch diesen Verhältnissen anzupassen, indem er zwar eine Hauptwirtschaftsform wählte, aber daneben eine oder mehrere Ergänzungswirtschaftsformen pflegte.

X. Nachtrag.

Zu Figur 3. **Niederschläge in den**

Kurven in der graphischen Darstellung	Beispiele für Niederschläge in:			
a	Tropischen Regenwaldländern	Buitenzorg (Java)	S. 6⁰ 35′ E. 106⁰ 49′	Höhe 285 m
b	Galeriewaldsteppen	Luluaburg	S. 5⁰ 56′	Höhe 620 m
c	Uferwaldsteppen	Boroma	S. 16⁰ 0′ E. 33⁰ 12′	Höhe 187 m
d	Trockengebieten	Khartum	N. 15⁰ 37′ E. 32⁰ 33′	Höhe 383 m

Zu Figur 7. **Niederschläge in den**

Kurven in der graphischen Darstellung	Beispiele für Niederschläge in den Monsunwaldländern Ostasiens:			
a	—	Kagoschima (Japan)	N. 31⁰ 35′ E. 130⁰ 33′	Höhe 120 m
b	—	Akita (Japan)	N. 39⁰ 41′ E. 140⁰ 6′	Höhe 5 m
c	—	Jangtsekiang	N. 31⁰	Mittel aus mehreren Stat.
d		Nord-China	N. 39,5⁰	Mittel aus mehreren Stat.
e		Mandschurei	N. 43,5⁰	Mittel aus mehreren Stat.

Zu Figur 5. **Temperaturen in**

Kurven in der graphischen Darstellung	Beispiele für Temperaturen in den Trockengebieten:			
a	—	Khartum	N. 15⁰ 37′ E. 32⁰ 33′	Höhe 383 m
b	—	Ayata (nördl. Sah.)	N. 33⁰ 28′ E. 6⁰ 0′	Höhe 41 m
c	—	Ispahan	N. 32⁰ 38′ E. 51⁰ 39′	Höhe 1630 m
d	—	Kaschgar	N. 39⁰ 25′ E. 76⁰ 7′	Höhe 1230 m

Werte entnommen aus Jul. Hann, Handbuch der Klimatologie. Stuttgart 1910.

Tropen (in mm):

Jul.	Aug.	Sept.	Okt.	Nov.	Dez.	Jan.	Febr.	März	April	Mai	Juni
265	227	345	420	395	373	449	408	422	412	374	277
3	63	164	167	230	168	183	138	201	154	78	4
0	0	2	15	49	130	144	148	55	13	0	0
44	56	12	9	0	0	0	0	0	0	3	7

Monsunwaldländern Ostasiens.

Jan.	Febr.	März	April	Mai	Juni	Juli	Aug.	Sept.	Okt.	Nov.	Dez.
88	84	155	232	245	354	285	189	221	130	95	90
115	100	106	115	112	152	205	195	190	167	178	177
39	45	68	111	127	167	135	95	75	78	40	16
4	9	11	30	64	141	330	243	116	33	21	4
15	10	26	44	90	121	261	210	111	64	26	22

den Trockengebieten.

Jan.	Febr.	März	April	Mai	Juni	Juli	Aug.	Sept.	Okt.	Nov.	Dez.
21,9°	24,2°	26,9°	30,4°	33,4°	33,2°	31,3°	30,7°	31,4°	31,2	27,8°	23,8°
9,3°	11,5°	15,4°	19,8°	24,1°	29,6°	32,2°	31,4°	27,2°	20,8°	14,9°	10,3°
0,2°	5,3°	8,4°	15,6°	20,7°	25,2°	27,8°	25,6°	22,4°	16,1°	9,1°	4,7°
—5,8°	—0,1°	8,4°	17,3°	19,2°	24,2°	27,5°	25,7°	19,2°	12,3°	3,5°	—2,7°

XI. Anhang.

Das Problem einer kartographischen Darstellung der Verbreitung der zur unmittelbaren Befriedigung des Nahrungsbedürfnisses dienenden Wirtschaftsformen in den außereuropäischen Erdteilen zur Zeit ihres Bekanntwerdens durch die Europäer in ihren Beziehungen zur Landschaft und Versuch einer neuen Lösungsweise der kartographischen Darstellung, nebst kurzgefaßter Erklärung der beigegebenen Karten.

Man hat das Problem der kartographischen Darstellung der Verbreitung der Wirtschaftsformen schon mehrfach zu lösen versucht, ohne daß jedoch die Lösungsweisen voll und ganz zu befriedigen vermögen. Unsere Karten stellen den Versuch dar, die Lösung des Problems dem Endziele näherzuführen.

Bevor wir zur Besprechung unserer Aufgabe und ihrer Lösung übergehen, wollen wir einen kurzen Blick auf die schon vorhandenen Karten über die Verbreitung der Wirtschaftsformen werfen.

Als erste Karte sei hier die von Dr. G. Gerland in „Berghaus, Physikalischer Atlas. Abt. VII" veröffentlichte behandelt. Wie Gerland in der Erklärung sagt, stellt die Karte den Zustand der Völker vor dem Eindringen der europäischen Kultur dar. Den gleichen Zustand wollen auch die Karten unserer Schrift festlegen. Nach den Hauptbeschäftigungen der Völker sind auf der Karte von Gerland unterschieden:

1. Jäger und Fischervölker,
2. Ackerbauer,
3. Nomaden und Hirten.

Über die Nebenbeschäftigungen der Völker gibt uns die Karte jedoch keinen Aufschluß.

Die nächste Karte, die sich die Verbreitung der Wirtschaftsformen zur Aufgabe macht, ist die Karte, die Eduard Hahn 1892 in Petermanns Geographischen Mitteilungen veröffentlichte. Sie will den gegenwärtigen Zustand der Verbreitung der Wirtschaftsformen darstellen und unterscheidet sich in diesem Punkte also wesentlich von dem Ziele, das wir uns setzen. Was uns aber an dieser Karte interessiert, ist die kartographische Darstellungsweise. Wenn auch Hahn eine genauere Gliederung der Wirtschaftsformen vornahm, so zeigt seine Karte doch nur die Hauptwirtschaftsformen. In der Praxis jedoch verhält es sich so, daß bei den Völkern eine Hauptwirtschaftsform vorherrscht, neben welcher man noch eine oder mehrere Ergänzungswirtschaftsformen zu betreiben pflegt.

Alle späteren Versuche, die Verbreitung der Wirtschaftsformen kartographisch darzustellen, lehnen sich an die Eduard Hahn'sche Karte an.

Durch die Wirtschaftskarten, die unserer Abhandlung beigelegt sind, soll der Versuch gemacht werden, eine besondere Lösung zu bringen. Das aus der Abhandlung gewonnene Material über die Verbreitung der Wirtschaftsformen ist nach Kontinenten zur Darstellung gebracht. Wie bereits gesagt wurde, trieben die meisten außereuropäischen Völker zur Zeit ihres Bekanntwerdens mit den Europäern nicht eine Wirtschaftsform, sondern vielmehr mehrere nebeneinander, wenn auch eine als Hauptwirtschaftsform zu bezeichnen war. Um eine klare Übersicht über diese Verhältnisse zu geben, ist eine Zerlegung in mehrere Karten vorgenommen. Folgende Wirtschaftsformen sind getrennt dargestellt:

1. Jagd und Sammelwirtschaft.
2. Fischfang.
3. Pflanzbau.
4. Pflugbau.
5. Viehwirtschaft.

Auf jeder dieser Karten ist eine Wirtschaftsform als Haupt- und Nebenwirtschaftsform dargestellt, und zwar:

1. Jagd und Sammelwirtschaft:
   a) als Hauptwirtschaftsform:
      Universale Jagd und Sammelwirtschaft.
      Partikulare Jagd und Sammelwirtschaft.
        Vorwiegend Jäger auf:
          Landsäugetiere,
          Seesäugetiere.
        Vorwiegend Sammler.
   b) als wichtige Ergänzungswirtschaftsform.
2. Fischfang:
   a) als Hauptwirtschaftsform.
   b) als wichtige Ergänzungswirtschaftsform.
3. Pflanzbau:
   a) Pflanzbau (einschließlich Baumkultur) als Hauptwirtschaftsform:
      Dauerfeldbau,
      Regenzeitfeldbau,
      Trockenzeitfeldbau,
      Künstlicher Bewässerungsanbau:
      aa) als Oasenkultur,
      bb) zur Überwindung ausgeprägter Trockenzeiten, Sommerfeldbau.
   b) Pflanzbau als Ergänzungswirtschaftsform.
4. Pflugbau:
   a) als Hauptwirtschaftsform:
      Dauerfeldbau,
      Regenzeitfeldbau,
      Trockenzeitfeldbau,
      Künstlicher Bewässerungsanbau zur Überwindung ausgeprägter Trockenzeiten,
      Sommerfeldbau.

b) als Ergänzungswirtschaftsform in Form von Regenfeldbau.
Die damalige Verbreitung des Pfluges.

5. Viehwirtschaft:
a) Nomadisierende Viehwirtschaft als Hauptwirtschaftsform.
b) Großviehwirtschaft als wichtige Ergänzungswirtschaftsform.

Auf den Karten ist zugleich die Verbreitung der Landschaftsgürtel nach einer Karte[1]) von S. Passarge gegeben. Durch diese Lösungsweise ist es möglich, daß man gleichzeitig die Verbreitung der Wirtschaftsformen und den Charakter der Landschaft erblickt und so die Beziehungen zwischen letzterer und den Wirtschaftsformen erkennt.

Erwähnt möge noch werden, daß die Karten die Verbreitungsgebiete der Wirtschaftsformen allgemein zur Anschauung bringen, sodaß es sich beispielsweise beim Pflanzbau nicht um tatsächlich bebaute Flächen, sondern um allgemeine Verbreitungsgebiete handelt. Die oft durch kleine Landschaftsteile bedingte Verbreitung der Wirtschaftsformen läßt sich naturgemäß auf Karten mit großem Maßstabe, wie ihn die Kontinentalkarten zeigen, aus technischen Gründen nicht darstellen.

Man muß sich bewußt bleiben, daß solche Wirtschaftskarten die wörtliche Darstellung nicht völlig zu ersetzen vermögen, sondern vielmehr nur ein Gerippe bieten, das einen schnellen räumlichen Überblick in großen Zügen gestattet. Einleuchtend dürfte auch sein, daß derjenige, dem die Passarge'schen Landschaftstypen genau bekannt sind, die Karten mit größerem Vorteile zu lesen vermag als ein anderer.

Tafel I—V. Karte 1. Jagd und Sammelwirtschaft.

Auf der Karte sind Jagd und Sammelwirtschaft erstens als Hauptwirtschaftsform und zweitens als wichtige Ergänzungswirtschaftsform dargestellt. Wir unterscheiden universale und partikulare Jagd und Sammelwirtschaft; während erstere sich auf alles erstreckt, was unter den Begriff fällt, berücksichtigt letztere nur bestimmt ausgewählte Objekte.

Universale Jagd und Sammelwirtschaft als Hauptwirtschaftsform wurde in Afrika in den tropischen Regenwaldgebieten von den Pygmäenstämmen der Batwa, Batschua, Babongo, Bagielli und Babinga getrieben. Die Pygmäenstämme der Akka, Mukassequere und Teile der Babinga, die in den an die tropischen Regenwaldgebiete sich anschließenden Trockenhochwaldgebieten (Galeriewaldsteppen) saßen, beschäftigten sich in gleicher Weise, ebenso die Kindiga und Ndorobohorden in den Uferwaldsteppen in der Nähe des Njarasasees. In den Trockengebieten an der Küste Südwestafrikas lebten die Küstenhottentotten als universale Jäger und Sammler. Nördlich des Oranjeflusses in den Anasbergen ernährten sich in dieser Weise die Bergdamara, in den Salzsteppengebieten der Kalahari und den angrenzenden Uferwaldsteppengebieten die Buschmänner. Für diese stellten die Salzsteppen der Kalahari ein noch zusammenhängendes Verbreitungsgebiet dar, während sie in Randgebieten der Uferwaldsteppen in versprengten Gruppen saßen.

[1]) Passarge, Siegfried, Vergleichende Landschaftskunde. Heft 4. Berlin 1924.

Alle diese Völker, die noch zu keinerlei Anbau übergegangen waren, lebten in sogenannten Rückzugsgebieten, die von den benachbarten, kultivierende Wirtschaft treibenden Völkern nicht als begehrenswert angesehen wurden.

In den tropischen Regenwaldländern und Galeriewaldsteppengebieten Südasiens trieben universale Jagd und Sammelwirtschaft die Wedda auf Ceylon, in Vorderindien die Paliyan in den Palnibergen, die Irulan in den Nilgiri, ebenso die Thai-Pa (Waldmenschen) im Laosgebiet Hinterindiens, die Takkui im Flußgebiet des oberen Song Giang, die Semang, Sakai und Jakun im Innern der Halbinsel Malakka, auf der Inselflur die Chom Pen im Innern Großnikobars, die Orang-Benua und Sabimba im Innern der Inseln des Riau-Lingga-Archipels, auf Sumatra die Orang-Kubu, auf Borneo die Stämme der Punan, Bukitan, Bukit und Olo-Ot, auf Süd-Celèbes Teile der Toála in den Bergen von Malava im Nordwesten Lamontjongs, die Negrito (Aëta) auf den Philippinen, die Tandulanen (Igorotten) auf Palawan.

Alle diese Völker befanden sich ebenfalls in Rückzugsgebieten.

Auch in den Nadelwaldgebieten Asiens und seiner südlichen Übergangsgebiete, den Waldsteppen, sowie in den Monsunwaldgebieten des Amurs, vornehmlich im Gebirge, trieben Teile einzelner Völker universale Jagd und Sammelwirtschaft als Hauptwirtschaftsform. Hier sind besonders die Phoken, Teile der Burjäten, Sojoten, der Tungusen (Biraren, Managiren, Orotschonen), Karakassen und Jakuten zu nennen.

Universale Jäger und Sammler waren die Gurngai und Tungu im Innern der Aruinseln und Pygmäenstämme am oberen Mimikafluß im Innern Neuguineas.

Auch diese Völker befanden sich in Rückzugsgebieten, die im tropischen Regenwalde lagen.

Universale Jäger und Sammler waren über den ganzen australischen Kontinent und Tasmanien verbreitet. Diese Wirtschaftsform erstreckte sich hier über eine ganze Anzahl verschiedener Landschaftstypen. Dieser Zustand erklärt sich aus der Randlage Australiens zur übrigen Welt. Es hatten sich keine Völker gefunden, die in den Kontinent eindrangen und dort andere Wirtschaftsformen einführten.

In Nordamerika wurde universale Jagd und Sammelwirtschaft von den Waldindianern (athapaskische und algonkische Stämme) in den Nadelwaldländern des Mittelgürtels ausgeübt, in Gebieten, die wegen ihrer nördlichen Lage zum Anbau ungeeignet waren, weil man in Betracht ziehen muß, daß in Nordamerika der Mais die Hauptanbaufrucht bildete. Die gleiche Wirtschaftsform fand man auch bei einzelnen Binnenlandeskimos in der Tundra Nordamerikas.

In dem zu den Trockengebieten gehörenden Salzsteppenkettengebirgstafellande Nordamerikas lebten Schoschonen und Schahaptin als universale Jäger und Sammler. In diesem regenarmen Gebiete wäre Anbau ohne künstliche Bewässerung unmöglich gewesen, zu deren Anlage der Kulturzustand dieser Völker nicht ausreichte. Ebenso stand es mit den Völkern, die in den Trockengebieten auf der Halbinsel Kalifornien, in den Küstengebieten von Sonora am Golf von Kalifornien, sowie auf der Insel Tiburon lebten. Sie gehörten größtenteils den Sprachfamilien der Yuma und Pima-Naua an. Zu diesen kommen noch die Seris, die die Insel Tiburon und die östlich davonliegenden Küstenstriche innehatten.

In den Uferwaldsteppen Nordamerikas wurde diese Wirtschaftsform von Chichimeken und Guachile südlich vom Rio Santiago, sowie von den auf der Südspitze Kaliforniens lebenden Periku und Waikuri ausgeübt. Die Chichimeken und Guachile hatten Rückzugsgebiete inne, die ihnen durch eingedrungene Völker belassen waren.

Universale Jagd und Sammelwirtschaft war in Südamerika in zusammenhängenden Gebieten des brasilianischen und paraguayschen Berglandes verbreitet. Träger dieser Wirtschaftsform waren alle Gêsvölker mit Ausnahme der Suya, sowie die Guayaki; auch diese Völker waren schon von den Küstenstrichen abgedrängt. Vereinzelt fanden sich ferner in den Galeriewaldsteppen Südamerikas Völker, die noch auf dieser Stufe standen. Im Quellgebiet des Orinoko sammelten und jagten die Schiriana; zwischen dem oberen Orinoko und seinem Nebenfluß Meta lebte das Jäger- und Sammelvolk Guahibo, im oberen Xingugebiet die Trumaï und Teile der Bororo, in der Nähe des oberen Mamoré die Moxo, Tsirakua, Siriono, Movima und Chimane, im Orinokodelta die Warrau. In den tropischen Regenwaldgebieten Südamerikas traf man am rechten Ufer des Rio Negro die Horden der Maku, am Golf von Uraba und am Unterlaufe des Flusses Atrato, sowie am Rio Sinu Indianer, die diese Wirtschaftsform ausübten; auch die Ona in den subpolaren Steppengebieten der Osthälfte Feuerlands waren universale Jäger und Sammler. Alle diese Jäger und Sammler saßen ebenfalls in Rückzugsgebieten.

Partikulare Jäger auf Landsäugetiere fand man in Nord- und Südamerika in den Steppen, Salzsteppen und Waldsteppen. In Südamerika reichten die Jagdgründe im Chacogebiet bis in die Galerie- und Uferwaldsteppen hinein. In Nordamerika wurde von den Prärieindianern: Teton, Crow, Assiniboin, Siksika, Cheyenne, Arapaho, Komantschen und Kaiowä besonders der Büffel, der in Millionen von Exemplaren vorkam, gejagt, in Südamerika von den Tehueltsche, Pueltsche, Ranquele, Huarpes, Tscharrua und den Guaikurustämmen das Guanaco, Vicunna und der amerikanische Strauß. Für die partikularen Jäger waren die vorher genannten Landschaften Vorzugsgebiete.

Zu den partikularen Jägern auf Seesäuger gehörten die Unungen, die auf den zu den subpolaren Wiesenländern zu rechnenden Aleuten wohnten, sowie die Eskimos auf Alaska, auf der Insel Kadiak und der Südspitze Grönlands. Die Eskimostämme der Tschugatschen und Ugalenzen übten diese Beschäftigung selbst noch an den Küsten aus, die an das vorher genannte Gebiet Nordwestamerikas stoßen, das landschaftlich einerseits zu den Nadelwaldgebieten, andererseits zu den ozeanischen Waldländern zu rechnen ist.

In den Tundragebieten der Nordküste Nordamerikas und auf den nördlich vorgelagerten Inseln, auf Grönland, sowie am Kap Deschnew trieben Eskimos als Hauptwirtschaftsform Jagd auf Seesäugetiere. In allen diesen Gebieten war die Jagd auf Wale, Walrosse und Robben sehr ergiebig, weil diesen Tieren das Plankton, das in den sauerstoffreichen Gewässern reichlich vorkommt, genügend Nahrung bot.

Partikulare Sammler traf man in Nordamerika in dem zu den Hartlaubländern gehörenden kalifornischen Längstale. Sie sind unter dem Namen kalifornische

Indianer, zu denen die Pomo, Maidu und Miwok zu rechnen sind, bekannt. Ihre Wirtschaftsführung stützte sich auf das Einsammeln einer Pflanzenfrucht, der Eichel, die in überreichem Maße vorkam.

Im Überschwemmungsgebiete der kanadischen Seen gedieh der wilde Reis. Er gewährte den Wild rice-Indians, zu denen hauptsächlich die Odschibwä, Menomini und Dakota gehörten, den Lebensunterhalt. In den subtropisch gemäßigten und gemäßigten ozeanischen Waldländern Südamerikas trieben Teile des Araukanerstammes der Pehuentschen partikulare Sammelwirtschaft. Die Nüsse der in den Wäldern wachsenden Araukarien dienten ihnen als Ernährungsgrundlage. Anbau wurde von den partikularen Sammlern nicht getrieben, obwohl ihn die landschaftlichen Verhältnisse gestattet hätten. Wahrscheinlich gingen sie zum ihm nicht über, weil sie mit wenig Mühe durch Sammeln des von der Natur freiwillig Gebotenen ihren Lebensunterhalt erlangten.

Jagd und Sammelwirtschaft als wichtige Ergänzungswirtschaftsform fand sich in fast ganz Afrika einerseits neben Pflanzbau, andererseits neben nomadisierender Viehwirtschaft; ebenso wurde sie in Arabien neben Viehwirtschaft getrieben. Es tritt uns ferner in Nordasien ein großes Verbreitungsgebiet der Jagd und Sammelwirtschaft als wichtige Ergänzungswirtschaftsform entgegen. Hier ergänzte sie einerseits die nomadisierende Viehwirtschaft, andererseits den Fischfang. In einigen Gebieten Zentralasiens, im Innern Hinterindiens, sowie auf der hinterindischen Inselflur und den Inseln Australiens traten Jagd und Sammelwirtschaft teils neben Pflanzbau, teils neben Fischfang und teils neben nomadisierender Viehwirtschaft auf.

Jagd und Sammelwirtschaft als wichtige Ergänzungswirtschaftsform wurde in den ozeanischen Waldländern Nord- und Südamerikas neben dem Fischfang als Hauptwirtschaftsform getrieben. Bei den ostamerikanischen Indianern und den sogenannten Halbprärieindianern war Jagd und Sammelwirtschaft neben Pflanzbau eine wichtige Ergänzungswirtschaftsform. Ähnliche Bedeutung hatte sie bei den Kariben auf den Antillen, in den südlichen Gebieten Mittelamerikas, sowie in Teilen Südamerikas; auch hier bestand sie überall neben Pflanzbau.

In manchen Teilen Asiens, besonders in China und Japan, in einigen Teilen des Trockengebietes Nordamerikas, sowie in Mexiko und in großen Teilen des Inkareiches in Südamerika hatte Jagd und Sammelwirtschaft keine oder doch nur geringe Bedeutung. Solche Gebiete sind auf den Karten weiß gelassen.

Tafel I—V. Karte 2. Fischfang.

Auf dieser Karte ist der Fischfang erstens als Hauptwirtschaftsform und zweitens als wichtige Ergänzungswirtschaftsform dargestellt.

In Asien fand man Fischfang als Hauptwirtschaftsform in den sumpfigen Nadelwaldgebieten, die sich zwischen Ob, Irtisch, Jenissei, sowie der oberen und unteren Tunguska ausbreiten. Die Flüsse und Seen dieser Gebiete waren reich an Lachsen und Karauschen, sodaß man auch für den Winter Vorräte sammeln konnte. Hier lebten die Fischervölker der Wogulen, Wogulitschen, Teile der Tataren, Ostjaken und die Jenisseier. In den Tundragebieten Asiens bestand bei den Küstentschuktschen und Küstenjukagiren Fischfang als Hauptwirtschaftsform. In den Monsunwaldländern des Mittelgürtels in Nordasien waren echte Ichthyophagen die Itelmen auf Kamtschatka, die Korjäken an den nördlichen Ausläufern des Ochotskischen Meeres und im Westen desselben Teile der Tungusen, am mittleren Amur die Golden, am Unterlaufe dieses Flusses die Oltscha, Oroken und Giljaken, sowie die Oroken und Giljaken auf der Nordhälfte Sachalins und die Aïno auf der Südhälfte dieser Insel, auf den Kurilen und der Nordhälfte Jessos.

Ausgesprochene Fischervölker traf man auch auf einzelnen Inseln Südasiens, die landschaftlich zu den tropischen Regenwaldgebieten und den Galeriewaldsteppen gehören, an. Auf den Andamanen waren es die Minkopi, auf den Merguinseln die Selon, die Orang-Laut auf Banka, Billiton und den Nachbarinseln und die Badscho auf Borneo. Diese Völker trieben Hochseefischerei. Auf den Flüssen und Mongrovesümpfen gingen die Orang-Sleta, die Orang-Beduanda Kallang in Dschohor und Singapur, sowie ein Teil der Akit auf Sumatra dem Fischfang nach.

Fischfang als Hauptwirtschaftsform wurde an den Gebirgsfjordküsten der ozeanischen Waldländer Nord- und Südamerikas getrieben. In Nordamerika wohnten in diesen Gebieten die nordwestamerikanischen Indianer. Zu ihnen gehören die Tlingit, die Tsimschian, die Haida, Wakasch und Selisch. In den ozeanischen Waldländern Südamerikas lebten die Feuerländer, zu denen die Yahgan, Aikuluf und Tschono gehörten, Ihr Lebensgebiet reichte vom Feuerlande bis zur Insel Chiloe. Auf dieser Insel und in den gegenüberliegenden Küstengebieten übten die Huillitsche als Hauptwirtschaftsform den Fischfang aus, der durch die Flachküste, durch Sauerstoffreichtum des Meeres und das massenhafte Vorkommen des Planktons, der Hauptnahrung der Fische, begünstigt wurde.

Wohl als Ausläufer der nordamerikanischen Indianer ist das Fischervolk der Tschumaschen anzusehen, das im südlichsten Teile des nordamerikanischen Hartlaubgebietes, an der Küste und auf einigen Inseln, wie St. Barbara, saß und sogar Hochseefischerei trieb.

Fischfang als wichtige Ergänzungswirtschaftsform wurde in Afrika an den großen Seen und Flüssen, sowie an einzelnen Küstenstrichen ausgeübt, und zwar als Ergänzung des Pflanzbaues oder der universalen Jagd und Sammelwirtschaft. An einzelnen Küstengebieten und an den Flüssen Nordasiens bestand Fischfang neben nomadisierender Viehwirtschaft, an den Küsten Japans neben Pflanzbau; auch an den Küsten der südasiatischen Inselwelt spielte der Fischfang neben dem Anbau eine wichtige Rolle. Ebenso wurde Fischfang als wichtige Ergänzungswirtschaftsform von manchen australischen Stämmen an den Küsten und Flüssen, sowie von den Tasmaniern neben universaler Jagd und Sammelwirtschaft getrieben. Ein großes Verbreitungsgebiet hatte der Fischfang als wichtige Ergänzungswirtschaftsform auf der Inselwelt Ozeaniens und auf Neuseeland. Hier bestand er neben dem Pflanzbau.

Auch die partikularen Jäger auf Seesäuger, die Unungen auf den Alëuten, die Eskimos an der Nordküste Nordamerikas und auf den vorgelagerten Inseln, sowie in Teilen Grönlands trieben nebenbei Fischfang. Den nordamerikanischen Waldindianern, sowie den ostamerikanischen Indianern boten die Flüsse und Küsten reiche Gelegenheit, dem Fischfang nebenbei obzuliegen. Ersteren diente er als Ergänzung zur universalen Jagd und Sammelwirtschaft, letzteren zur Ergänzung des Pflanzbaues.

Neben Pflanzbau spielte der Fischfang auch auf den Antillen, in großen Teilen des Küstengebietes Süd- und Mittelamerikas, sowie in den großen Stromsystemen dort eine wichtige Rolle. Neben universaler Jagd und Sammelwirtschaft wurde er an manchen Flüssen Südamerikas, sowie an der Ostküste Feuerlands von den Ona betrieben.

Tafel I—V. Karte 3. Pflanzbau.

Unter Pflanzbau begreifen wir die Art des Feldbaues, bei der man sich des Pflanzstockes, des Grabstockes, der Hacke oder des Spatens bedient, sowie die Baumkultur. Man unterscheidet folgende Arten des Pflanzbaues als Hauptwirtschaftsform:

1. Dauerfeldbau (in Gebieten, deren klimatische Verhältnisse Daueranbau zulassen),
2. Regenzeitfeldbau (in Gebieten, die sich durch ausgeprägte Trockenzeiten auszeichnen und von Natur aus nur während der Regenzeit Anbau gestatten).
3. Trockenzeitfeldbau (in Gebieten, die in der Regenzeit unter Wasser gesetzt werden und deren Boden soviel Wasser einzusaugen vermag, daß die Feuchtigkeitsmenge von der Aussaat bis zur Ernte in der Trockenzeit genügt).
4. Künstlicher Bewässerungsanbau:
   a) als Oasenkultur (in Gebieten, in denen Anbau ohne künstliche Bewässerung unmöglich ist),
   b) zur Überwindung ausgeprägter Trockenzeiten (in Gebieten, in denen eine ausgeprägte Trockenzeit den Anbau erschwert oder gar unmöglich macht),
5. Sommerfeldbau (in Gebieten, in denen die Wachstumsbedingungen der Nahrungspflanzen nur während des Sommers gegeben sind).

Überblicken wir die Karten, so fällt uns auf, daß der Pflanzbau als Hauptwirtschaftsform als Dauerfeldbau in den tropischen Regenwaldgebieten und in solchen subtropischen Regenwaldländern, die an den heißen Gürtel stoßen, sowie ebenfalls in den an die Tropen grenzenden subtropischen Monsunwaldländern Ostasiens verbreitet war.

In Afrika wurde Pflanzbau als Dauerfeldbau in tropischen Regenwaldgebieten ausgeübt, und zwar an der Guineaküste von Sudannegern, in den tropischen Regenwaldländern Zentralafrikas vorwiegend von Bantunegern, auf Madagaskar von den Howa.

In den tropischen Regenwaldländern im Hinterlande der Malabarenküste trieben vereinzelt Stämme einen derartigen Anbau, in Hinterindien die Karen, Siamesen und Anamiten. Solcher Anbau bestand auch auf Sumatra, auf Borneo z. B. bei den Dajak, auf Celèbes z. B. bei den Toradja, Bugi, Minahassern und Teilen der Toála und auf den Molukken. Auf Neuguinea, dem Bismarckarchipel, auf den Salomoninseln, auf den Neu-Hebriden und Fidschi-Inseln beschäftigten sich die Melanesier mit Pflanzbau als Dauerfeldbau.

In Südchina bestand in den subtropischen Monsunwaldländern Ostasiens bei den Chinesen Pflanzbau als Dauerfeldbau. In den subtropischen Regenwaldländern Nordamerikas traf man solchen Anbau bei den Seminolindianern Nord-Floridas, in Südamerika bei den Tupi an. Mittelamerikanische Indianer: Chipscha, Aruaken und Tupi trieben in den tropischen Regenwaldgebieten Pflanzbau als Dauerfeldbau.

Die Karten zeigen, daß der Pflanzbau als Regenzeitfeldbau fast ausschließlich in den Galerie- und Uferwaldsteppen und in den warmen und den gemäßigten Hochgebirgssteppen, sowie in den Hartlaubgebieten (Südamerika) verbreitet war.

In den Galerie- und Uferwaldsteppen Afrikas wurde der Regenzeitfeldbau vorwiegend von Sudan- und Bantunegern ausgeübt, so z. B. von den Mandingo, Beledugo, Wute, Bongo, Dinka, Wanjamwesi, Wadoe, Wadschagga, Issansu und Iraku, Bakuba, Bambala, Monbutta, Marotse, Ovombo, Betschuanen, Basuto, Amokossa, Matebele, auf Madagaskar z. B. von Sakalaven und Malgaschen. Der Regenzeitfeldbau in Afrika wurde in Form von Waldrodungskultur ausgeübt. An vielen Stellen schlug man den Trockenhochwald. Durch die Erschöpfung des Bodens sah man sich veranlaßt, immer neue Rodungen vorzunehmen. So verschwand z. B. im Lande Unjamwesi der Myombo-Hochwald. An seiner Stelle fand man weite Grasflächen und Buschwald. Letzterer ist an die Stelle von einstigen, lange verlassenen Kulturen getreten. Auf diese Weise sind in Afrika große Raub-, aber auch Kulturlandschaften entstanden. Da in den Trockenhochwaldgebieten die Trockenzeit kurz ist, die Niederschlagsmengen aber während der Regenzeit groß sind, zogen sich die Felder, deren Boden vorwiegend aus Laterit bestand, über Berg und Tal. So war es z. B. bei den Monbutta (Mangbetu). Schreitet man dagegen in den Uferwaldsteppen in Richtung auf die Salzsteppen fort, so zeigt sich ein anderes Bild. Die Niederschlagsmengen sind geringer, die Trockenzeit ist länger. Der Feldbau krankt an dem Mangel an Feuchtigkeit, und so sah sich der Mensch gezwungen, die Flußtäler aufzusuchen. So war es z. B. bei den Marotse in den Flußtalungen des oberen Sambesi, bei den Bongo an den Nebenflüssen des Gazellenflusses, bei den Dinka am Ostufer des weißen Nils und am Gazellenfluß und bei den Schilluk am linken Ufer des Weißen Nils.

Die durch den zenitalen Stand der Sonne verursachten Regenzeiten treten an manchen Stellen einmal, an anderen zweimal im Jahre auf. Da, wo es nur eine Regenzeit gibt, fand nur eine Ernte statt, wo dagegen zwei Regenzeiten stark entwickelt sind, bestanden auch zwei Pflanzperioden und zwei Ernten im Jahre, wie z. B. bei den Wadoe.

In den Salzsteppengebieten Afrikas, die im Sudan an die Uferwaldsteppen grenzen, wurde an einzelnen Stellen ein unsicherer Regenzeitfeldbau getrieben. Dort jedoch, wo wie in Darfur und Wadai sich Gebirge aus der Salzsteppe erheben, die durch regelmäßigen Empfang an Niederschlägen ebenso gut gestellt sind wie die Uferwaldsteppen, fand man Regenzeitfeldbau in größerem Maße.

In Vorderindien wurde Pflanzbau als Regenzeitfeldbau wenig betrieben; denn es war schon fast überall die Pflugbaukultur eingeführt; nur in den Gebirgen des Südens und Ceylons bestand Pflanzbau als Waldrodungskultur. Diese trieben z. B. die Kanikkarar in Travancore, und östlich der Nilgiriberge die Irulan.

Auf Ceylon waren es einige Singhalesenstämme, die sich mit Regenzeitfeldbau in Form von Waldrodungskultur beschäftigten. In den Trockenhochwaldgebieten Hinterindiens dagegen wurde Pflanzbau als Regenzeitfeldbau in der Form von Waldrodungskultur in ausgedehntem Maße betrieben. Hier bestand er bei den Porrh auf der Grenze zwischen Siam und Kambodja, ebenso bei vielen Völkerschaften im Laosgebiet. Selbst oben auf den Gebirgen fand man in über 3000 m Höhe bei den Ureinwohnern Siams, den Khas, Rodungen in großem Maße. In Assam bevorzugten die Angami und die benachbarten Nagastämme die Anlage von *dschlums* (Waldrodungen), auf denen sie Regenzeitfeldbau trieben, obgleich auf künstlich bewässerten Terrassenfeldern Pflanzbau als Dauerfeldbau möglich war und teilweise auch stattfand. Andere Völker, wie die Mikir in Assam, die früher schon den Pflugbau eingeführt hatten, waren zum Regenzeitpfanzbau als Waldrodungskultur zurückgekehrt.

Auch die malaiischen Völker auf den Philippinen trieben Regenzeitpflanzbau als Waldrodungskultur. Von den Negrito waren nur die Tarlac zu dieser Kultur vorgeschritten.

Der Feldbau in Mikronesien und Polynesien ist ebenfalls als Regenzeitpflanzbau zu bezeichnen. Als Nahrungspflanzen kultivierte man vorzugsweise: Kokospalme, Brotfruchtbaum, Taro, Jams und Banane, wenn auch die eine oder andere dieser Pflanzen auf einzelnen Inseln fehlte. Da manche der kultivierten Pflanzen mehrjährig und nicht an Jahreszeiten gebunden sind, entging dem oberflächlichen Beobachter leicht die Tatsache, daß es sich auf dieser Inselwelt um Regenzeitfeldbau handelte. Der Anbau der Taropflanze war nur während der Regenzeit in Gruben möglich; wollte man sie auch in der Trockenzeit kultivieren, so mußte man zur künstlichen Bewässerung schreiten.

In den Galerie- und Uferwaldsteppen Amerikas wurde Pflanzbau als Regenzeitfeldbau in Teilen Mexikos von aztekisch-toltekischen Völkern getrieben, so z. B. auf Yukatan von den Maja, auf Florida von den Timukua und Taino, auf den Antillen von den Kariben, in Südamerika von Teilen karibischer Stämme und der Aruaken, sowie von Tupistämmen, besonders den Guarani und von den zum Gêsvolke gehörenden Suya. In fast allen diesen Fällen handelte es sich um Waldrodungskultur; nur vereinzelt fand man in sumpfigen Gebieten eine andere Art des Anbaues, die Pflanzungshügel- oder Atterradokultur, die z. B. die Guatóindianer in den Xarayessümpfen des oberen Parana anwandten.

In den warmen Hochgebirgssteppen Nordamerikas, in Mexiko, sowie in den warmen und gemäßigten Hochgebirgssteppen Südamerikas, die sich in den Hochtälern der Andenregion befinden, die auf der Karte als Kältesteppe gezeichnet ist, fand man im Inkareiche Pflanzbau als Regenzeitfeldbau; doch war man hier vielerorts bereits zur künstlichen Bewässerung übergegangen. Ebenso stand es in dem zum Inkareiche gehörenden Hartlaubgebiete Südamerikas.

In den Uferwaldsteppen läßt sich Pflanzbau im allgemeinen nur in der Regenzeit bewerkstelligen, während die Trockenzeit eine Ruheperiode darstellt. In einigen Gebieten Afrikas jedoch, wo besondere Verhältnisse herrschen, kann man auch in der Trockenzeit Feldbau treiben. Es sind dies Landschaften und Landschaftsteile, die in der Regenzeit derart unter Wasser gesetzt werden und deren

Boden so viel Wasser einzusaugen vermag, daß die Feuchtigkeitsmenge von der Aussaat bis zur Ernte in der Trockenzeit genügt. Diese Verhältnisse fand man bei den Marotse am oberen Sambesi, am Schari, sowie in Mittel-Adamaua, am oberen Niger, am weißen Nil bei den Schilluk und Dinka. Auch im Lande Unjamwesi wußte man ebenfalls in der Trockenzeit eine Ernte zu erzielen. Dies war möglich, weil sich in dem Gebiete Niederungen, *ziwa* und *mbuga* (Teiche und Sümpfe), befinden, die 2 bis 5 Fuß tiefer liegen als das Land. Die Regenzeit setzte sie unter Wasser. Waren sie ausgetrocknet, dann begann die Aussaat von Reis, dem der Boden genügend Feuchtigkeit bot, das Wachstum der Saat bis zur Ernte zu gewährleisten.

An Orten, wo die natürlichen Wasserverhältnisse nicht ausreichen, das Wachstum der Pflanzen zu gestatten, schreitet der Mensch zur künstlichen Bewässerung. Eine besondere Art derselben ist die Oasenkultur, die im allgemeinen ohne künstliche Bewässerung unmöglich ist. Diese Kultur finden wir in Trockengebieten; letztere sind hinsichtlich der Temperatur wohl verschieden; aber das Ausschlaggebende ist das aride Klima. Die Oasenkultur kann man als Pflanzbau bezeichnen, da sie sich vorwiegend auf die Pflanzbaugeräte: Pflanzstock, Grabstock, Hacke und Spaten stützt. In Nordamerika waren es die Puebloindianer, die in solchen Trockengebieten Oasenkultur trieben; in Südamerika bestand sie bei den zum Inkareiche gehörenden Yunkastämmen, die in den wüstenhaften Küstenstrichen der peruanischen Küste saßen.

In dem Trockengürtel, der sich durch Afrika und Asien zieht, wurde ebenfalls Oasenkultur getrieben.

Pflanzbau als künstlicher Bewässerungsanbau zur Überwindung ausgeprägter Trockenzeiten fand man in Gebieten der Erde, die periodisch unter Niederschlagsmangel leiden. In den Galerie- und Uferwaldsteppen Afrikas kam am oberen Nil, am Schari, am oberen Niger, am oberen Sambesi, bei den Konde und Wahehe im Norden des Njassasees, bei den Balulu westlich des Tanganjikasees und in Uganda künstlicher Bewässerungsanbau zur Anwendung. Der gleiche Anbau kam auch in Hinterindien, und zwar in Assam bei den Angami und den benachbarten Nagastämmen vor. Auf Luzon bauten die Ifugao und Igorot auf künstlich bewässerten Terrassen an. In Ozeanien traf man auf Neukaledonien und den Pelauinseln künstlichen Bewässerungsanbau zur Überwindung ausgeprägter Trockenzeiten als Pflanzbau an.

Auch in den Galeriewaldsteppen Nordamerikas, auf Yukatan und den Antillen war man zum Pflanzbau als künstlichen Bewässerungsanbau übergegangen.

Große Verbreitung hatte der künstliche Bewässerungsanbau in den warmen Hochgebirgssteppen Mexikos, in Südamerika in den warmen und gemäßigten Hochgebirgssteppen der Anden gefunden.

Auch die Hartlaubländer Südamerikas, die im Sommer eine ausgeprägte Trockenzeit aufweisen, veranlaßten die Bewohner, künstliche Bewässerung anzuwenden; ebenso bestand der Pflanzbau in dieser Form auf Hawaii.

In manchen Teilen der Erde ist der Anbau von Pflanzen nur während des Sommers möglich, weil im Winter die Temperaturen derart sinken, daß die Wachstumsbedingungen der Pflanzen nicht mehr vorhanden sind.

Solchen Sommerfeldbau trieben die ostamerikanischen Indianer von Florida bis hinauf an den St. Lorenzstrom und von der Ostküste bis über den Mississippi hinaus. Landschaftlich teilt sich dieses Gebiet in die subtropischen Regenwaldländer an der Ostküste und in die Waldsteppengebiete zu beiden Seiten des Mississippi. In ganz besonderer Blüte stand der Feldbau bei den Huronen, Irokesen, Natchez und bei den Siouxindianern in Virginien. Auch die sogenannten Halbprärieindianer, die die Waldsteppengebiete innehatten, trieben Pflanzbau als Sommerfeldbau als Hauptwirtschaftsform. Zu ihnen gehörten die Käddostämme, von den Sioux die Dhegihastämme (Omaha, Ponka, Osedsch, Kansa), die Tschiwerestämme (Eiowä, Oto, Missouri), die Santi-Dakota, die Mandan und Hidatse. In Südamerika bestand auch bei den Araukanern in den subtropisch gemäßigten ozeanischen Waldländern Pflanzbau als Sommerfeldbau.

In den Monsunwaldländern Ostasiens und den anschließenden Waldsteppen- und Steppengebieten wurde Pflanzbau als Sommerfeldbau in Mittel- und Nordchina und in Japan betrieben. In diesen Gebieten treten von Oktober bis März Nachtfröste auf. Günstig sind diese Gebiete insofern gestellt, als sie ihre Niederschläge während der warmen Jahreszeit, der Zeit des Anbaues, erhalten. In China begünstigte ferner das Vorkommen eines fruchtbaren Lößbodens den Feldbau. Erwähnt möge werden, daß man es in diesen Gebieten Ostasiens durch eine sich auf künstliche Bewässerung stützende, intensive Wirtschaft trotz der winterlichen Ruhe möglich machte, mehrere Ernten im Jahre zu erzielen.

Bei den Maori auf Neuseeland fand man in den Waldsteppengebieten Sommerfeldbau als Waldrodungskultur.

Ist der Mensch zum Feldbau übergegangen, dann pflegt er diesen auch als Hauptwirtschaftsform zu treiben. Nur an einzelnen Stellen, an denen der Mensch wohl vor kurzem von der Jagd und Sammelwirtschaft zum Feldbau übergegangen war, wurde der Pflanzbau als Ergänzungswirtschaftsform angesehen. Dies war z. B. an wenigen Stellen in Australien der Fall, und zwar in der Nähe des Swan-River, an der Brunswick-Bay und am unteren Cloncurry-River; auch bei den Chom-Pen im Innern von Groß-Nikobar befand sich der Pflanzbau im Anfangsstadium.

Eine untergeordnete Bedeutung hatte der Pflanzbau auch bei den reinen Viehzuchtnomaden Südafrikas, den Herero und Hottentotten. Sie trieben Pflanzbau nur gelegentlich an den Wadis der Salzsteppen.

Tafel III und IV. Karte 4. Pflugbau.

Der Pflug, dessen Ursprung meist in Westasien angenommen wird, hatte sich über Nordafrika und über Asien bis nach Japan verbreitet und sogar Eingang in die tropischen Regenwaldgebiete Indiens und der indischen Inselflur gefunden.

Von den Bewohnern Javas wurde der Pflugbau als Dauerfeldbau getrieben. Infolge des hohen Bildungsstandes der Bewohner und der Dichtigkeit der Bevölkerung war es möglich gewesen, große Strecken des tropischen Urwaldes in Ackerland zu verwandeln. Die fruchtbaren Aschenböden begünstigten die Ausnutzung. Als Besonderheit ist zu bemerken, daß sogar in diesen Gebieten, die reichlichen Niederschlag erhalten, künstliche Bewässerung angewandt wurde.

Der Grund lag nicht in den Niederschlagsverhältnissen, sondern war pflanzenphysiologischer Natur und lag in dem Umstande, daß der dort angebaute Sumpfreis fast beständig unter Wasser gehalten werden mußte. Auf Sumatra war der Pflug bei den Batak im Gebrauch. In Teilen der Hochfläche der Battaks, die im Regenschatten der die Hochfläche umgebenden Gebirge lagen, machte sich jedoch die Trockenheit für den Dauerpflugbau hindernd bemerkbar. Dauerpflugbau bestand auch in den tropischen Regenwaldgebieten der Malabarenküste.

Pflugbau als Regenzeitfeldbau trat auf in Gebieten, in denen Regen- und Trockenzeit scharf ausgeprägt sind. Solche Gebiete waren die zu den Hartlaubländern gehörenden Atlasländer und Palästina, auch die warmen Hochgebirgssteppen Abessiniens, sowie die Galerie- und Uferwaldsteppen Vorderindiens.

Pflugbau als Trockenzeitfeldbau fand man in Bengalen, Der Grund lag in dem Umstande, daß die Ströme in der Regenzeit über ihre Ufer treten und das niedrige Gelände meilenweit unter Wasser setzen. Erst nach dem Zurückfluten des Wassers konnte man zur Feldbestellung schreiten. In der Trockenzeit reifte die Ernte heran.

In den Pflugbaugebieten mit ausgeprägter Trockenzeit war der Mensch stellenweise zur künstlichen Bewässerung übergegangen, so in den Atlasländern, in Palästina, Abessinien, Vorderindien, sowie auf Ostjava und Bali. Auch in den Hartlaubländern mit Sommerfeldbau, wie z. B. in Kleinasien, Kurdistan, Armenien und Kaukasien, wandte man künstliche Bewässerung an.

Pflugbau als Sommerfeldbau fand man in Gebieten, die wegen ihrer geringen Temperaturen nur Sommerfeldbau zuließen. Solchen Anbau traf man in den subtropischen und subtropisch gemäßigten Monsunwaldländern Ostasiens und den sich anschließenden Waldsteppengebieten bei den Koreanern und Mandschu an. Pflugbau als Sommerfeldbau wurde auch in den Randgebieten der Kältesteppen, besonders in Tälern, in denen bessere klimatische Verhältnisse herrschten, getrieben. Solche Gebiete fanden sich in den westlichen Abdachungen des Plateaus von Pamir, in der Karakorumkette und im Trans-Himalaja, sowie in den Grenzlandschaften gegen China, in Tsaidam, Kukunor, Kham und Si-fan. Träger dieses Anbaues waren die Pamirtadschik und Tibetaner. In den Hartlaubländern Vorderasiens mit Winterregen fand nach Norden hin eine vielfach durch die Höhenlage bedingte, allmähliche Verschiebung des Anbaues in den Frühling und Sommer statt.

Pflugbau als Ergänzungswirtschaftsform in Form von Regenfeldbau fand man vereinzelt bei Viehzuchtnomadenstämmen, die ihre Ackerbauprodukte im allgemeinen durch Tausch zu erwerben pflegten. Es kam dieser Anbau in den Trockengebieten vor. So bauten die Turkmenen wohl ein Stück Land an, das gelegentlich Regen erhielt. In ähnlicher Art bauten nomadisierende Stämme der nördlichen, marokkanischen Sahara in den zeitweilig Wasser führenden Trockenflußbetten *(mader)* an. Ähnliche Verhältnisse fand man auf der Südabdachung der Halbinsel Barka.

Außer in den reinen Pflugbaugebieten wurde der Pflug auch in den Oasenkultur treibenden Ländern benutzt. In Afrika war seine Verbreitungsgrenze nach Süden hin durch Agades und Sockna bestimmt. Ebenso war der Pflug in die Pflanzbaugebiete Chinas und Japans eingedrungen, wurde hier aber nur auf größeren Anbauflächen angewandt. Durch die Mandschu war er im Amurgebiet sogar bis zu den Biraren und Djutscheren gekommen. Die Grenze seiner damaligen Verbreitung ist auf den Karten eingezeichnet.

Tafel III und IV. Karte 5. Viehwirtschaft.

Ursprünglich deckte der Mensch seinen Bedarf an Fleischnahrung durch Fischerei und Jagd. Er ging dann zum Feldbau und später zur Viehzucht über. Zur Zeit des Bekanntwerdens mit den Europäern war die Viehzucht in Asien und Afrika ziemlich verbreitet. Es wird angenommen, daß sie ihren Ursprung in Westasien hatte. Es gab Völker, die die Viehwirtschaft als Hauptwirtschaftsform, und solche, die die Viehwirtschaft nur als Ergänzungswirtschaftsform neben Feldbau pflegten. Die Völker, die Viehwirtschaft als Hauptwirtschaftsform betrieben, führten ein Nomadenleben. Die pflanzlichen Produkte, die sie zu ihrer Lebensführung nötig hatten, suchten sie durch Tausch von den benachbarten, Feldbau treibenden Völkern zu erwerben. Bei einzelnen nomadisierenden Völkern kam auch ein ganz geringer Anbau vor. Alle diese, auch die zuletzt genannten Völker hat man als reine Nomadenstämme bezeichnet. Gewinnt der Anbau größere Bedeutung, dann spricht man wohl auch von Halbnomaden.

Für die Viehwirtschaft dienen als Grundlage Weiden, die sich teils in Gebirgen, teils in Ebenen befinden.

Auf der Karte Afrikas treten uns zwei große, gesonderte Gebiete, in denen nomadisierende Viehwirtschaft als Hauptwirtschaftsform getrieben wurde, entgegen. Das eine befindet sich in den nördlichen, das andere in den südlichen Trockengebieten des Erdteiles. In den Salzsteppen des nördlichen Trockengebietes bestand diese Wirtschaftsform bei den Tuareg, bei arabischen Stämmen, bei Danakil, Somali, Bedja und Teilen der Galla, in den Salzsteppen Südafrikas und dem südlich anstoßenden Hartlaubgebiet bei den Herero und Hottentotten. Auch in den Uferwaldsteppengebieten Afrikas wurden Viehzucht treibende Nomaden angetroffen. Hier sind die Fulbe zu nennen, die etwa um 1800 aus den Trockengebieten in die Uferwaldsteppen des westlichen Sudan eindrangen, die dort wohnenden Sudanneger unterwarfen und die Fulbestaaten gründeten. Auf dem abflußlosen Rumpfschollenlande Ostafrikas, das zu den Uferwaldsteppen gehört, befaßten sich in der etwa 1800 m hohen, welligen, parklandschaftartigen Massaisteppe die Massai, ein aus den Nilländern stammendes Semitenvolk, und die Tatoga mit nomadisierender Viehwirtschaft als Hauptwirtschaftsform. Für Viehwirtschaft geeignete Weiden finden wir in den Galeriewaldsteppen als Höhenstufe; es sind die Nebelwald- und Hochweidenstufe. Auf solchen Hochweiden traf man auf dem Hochlande von Ruanda die Wa-Hima oder Wa-Tussi, die wahrscheinlich aus dem Norden eingedrungen waren und die dort lebenden Bantuvölker: Wa-Hutu und Wa-Pororo unterworfen hatten, als Viehzuchtnomaden an.

In Afrika trat vielfach die Großviehwirtschaft als wichtige Ergänzungswirtschaftsform neben dem Pflanzbau auf, ein Umstand, der sich wohl daraus erklärt, daß Pflanzbau treibende Stämme mit Viehzuchtnomaden in Berührung kamen und von ihnen beeinflußt wurden. So hielten die Issansu und Iraku auf dem abflußlosen Rumpfschollenlande des nordöstlichen Deutsch-Ostafrika, die mit dem Sammelnamen bezeichneten Kaffern, wie z. B. die Betschuanen und Basuto, Amakossa und Matebele, wie auch die Marotse, Ovambo, an der Westküste Madagaskars die Sakalaven, im westlichen Sudan z. B. die Mandingo und Beledugu, im östlichen Sudan die Schilluk und Dinka große Viehherden. Als Kuriosum ist zu vermerken, daß bei den Wadschagga am Kilimandscharo die Stallfütterung im Gebrauche war. Nur vereinzelte Gebiete, wie das des unteren Sambesi, waren wegen des Vorkommens der Tsetsefliege für die Viehzucht ungeeignet. In den Galeriewaldsteppen Afrikas fand man auf den Fußstufen nur Kleinviehzucht, aber auf den Höhenstufen in Uganda und Urundi und im Innern von Madagaskar bei den Malgaschen Großviehzucht. In den warmen Hochgebirgssteppen Abessiniens wurde, besonders im Gebiete der Deka, auf den saftigen Weiden Großviehwirtschaft neben Pflugbau getrieben; auch in den Hartlaubsteppengebieten der Atlasländer spielte die Viehwirtschaft neben dem Pflugbau eine wichtige Rolle.

In Asien fand man nomadisierende Viehwirtschaft als Hauptwirtschaftsform in den Trockengebieten. Vom Ostjordanlande an trieben in den arabischen Salzsteppen Araber nomadisierende Viehwirtschaft; auch hier ergänzten sich, wie in Afrika, je nach der Jahreszeit die höher gelegenen Salzsteppenplatten und die Wadis.

In Iran beschäftigten sich semitische Stämme mit nomadisierender Viehwirtschaft. Während man in Afrika durchgehends Flächennomadismus vorfand, trat in Iran häufig Gebirgsnomadismus an dessen Stelle. Turkmenen und Kirgisen nomadisierten in den Salzsteppengebieten Westturkestans, in den sich nordwärts anschließenden Steppen in den Waldsteppen. Es herrschte Flächennomadismus, den auch die nördlich von China nomadisierenden mongolischen Stämme trieben. An einzelnen Stellen, wo sich Gebirge aus der Ebene erheben, wie z. B. das Tienschangebirge, blühte der Gebirgsnomadismus. In den Kältesteppen Tibets und seinen Randgebieten bestand bei den Tibetanern nomadisierende Viehwirtschaft. Auch auf der Höhenstufe der Galeriewaldsteppengebiete Vorderindiens in den Nilgiris fand man bei den Toda nomadisierende Viehwirtschaft als Hauptwirtschaftsform. Sie hatten große Büffelherden, deren Milch sie genossen. Sie lebten in einer Art symbiotischer Lebensgemeinschaft mit dem Feldbau treibenden Volke der Bagada, das ihnen im Austausch die nötigen Vegetabilien lieferte.

Stämme der Tungusen trieben in den Nadelwaldgebieten Ostsibiriens eine Art Gebirgsnomadismus. Sie züchteten das Bergren. Den Sommer verbrachten sie auf den gegen 1500 m hohen Matten der Gebirge, während sie sich im Winter an den Fuß des Gebirges, in den Schutz des Nadelwaldes zurückzogen.

In den an die Nadelwälder südlich grenzenden Waldsteppengebieten bestand auch bei Teilen der Sojoten im Sajanischen Gebirge und bei Tatarenstämmen in der grasreichen Barabinskersteppe Viehwirtschaft als Hauptwirtschaftsform, ebenso bei Teilen der Jakuten im Flechtenwalde der mittleren Lena.

In den nördlichen Kältesteppen wurde die nomadisierende Viehwirtschaft in der Tundra und in dem sich anschließenden, flechtenreichen Tundrawalde ausgeübt. Im letzteren fanden die Herden im Winter Schutz und Nahrung, während in der Tundra eisige Stürme daherbrausten. Im Frühjahr jedoch verließ der Nomade den Wald, um die ausgedehnten Tundrastrecken abzuweiden und gleichzeitig der Mückenplage im Tundrawalde zu entgehen. Ein solches Nomadenleben führten die Samojeden und Jakuten, Teile der Tungusen und die Renntiertschuktschen. Das eigentliche Herdentier war das Ren. Die Jakuten, ein Turkvolk, das im 13. Jahrhundert in diese Gebiete eingedrungen war, hatten das Rind mitgebracht, das auch beibehalten wurde. In der Tundra, dem Tundrawalde und den Nadelwaldgebieten spielten die Ergänzungswirtschaftsformen eine große Rolle. Sammelwirtschaft, Fischfang und Jagd wurden nebenbei betrieben. Besonders waren bei den Tungusen in diesen Gebieten die Wirtschaftsformen labil, sodaß bald die eine, bald die andere ausschlaggebende Bedeutung hatte.

Als wichtige Ergänzungswirtschaftsform bestand in den Hartlaubwaldländern Vorderasiens Großviehwirtschaft vielfach als eine Art Almenwirtschaft. In den Galerie- und Uferwaldsteppen Vorderindiens fand man Großviehwirtschaft vielerorts neben Pflugbau; ebenso war es in den tropischen Regenwaldgebieten Javas und bei den Batak auf Sumatra.

In den warmen und gemäßigten Hochgebirgssteppen Südamerikas wurde im Inkareiche, besonders auf den Hochweiden und Mattenflächen, eine sich auf Lama und Alpacca erstreckende Viehwirtschaft gepflegt. Da man jedoch diese Tiere besonders als Lasttiere und zur Wollgewinnung, weniger zur Befriedigung des Nahrungsbedürfnisses benutzte, ist diese Wirtschaftsform auf der Karte nicht zur Darstellung gebracht.

XII. Literatur.

Allgemeines.

Berghaus, Physikalischer Atlas. Gotha 1892.

Buschan, Illustrierte Völkerkunde. Stuttgart 1922.

Frobenius, L., Geographische Kulturkunde. Leipzig 1904.

Grosse, E., Die Formen der Familie und die Formen der Wirtschaft. Freiburg i. Br-Leipzig 1896.

Günther, S. Geschichte der Erdkunde. Leipzig u. Wien 1904.

Hahn, E., Von der Hacke zum Pflug. Leipzig 1914.

Hahn, E., Die Verbreitung der Wirtschaftsformen. Petermanns Geogr. Mitteilungen 1892.

Hann, J., Handbuch der Klimatologie. Stuttgart 1910.

Hellwald, Die Erde und ihre Völker. 1906.

Helmolt, H., Weltgeschichte. Leipzig-Wien 1899.

Krause, F., Das Wirtschaftsleben der Völker. Breslau 1924.

Müller, R., Studien und Beiträge zur Geographie der Wirtschaftstiere. Leipzig 1903.

Passarge, Siegfr., Vergleichende Landschaftskunde. Berlin 1921.

Peschel, O., Geschichte der Erdkunde. München 1878.

Peschel, O., Völkerkunde. 5. Aufl., herausgegeben von Kirchhoff. Leipzig 1881.

Ratzel, Fr., Anthropo-Geographie. Stuttgart 1882.

Ratzel, Fr., Völkerkunde. Leipzig 1894/95.

Reinhardt, Ludw., Kulturgeschichte der Nutzpflanzen. München 1911.

Schmidt, Max, Grundriß der ethnologischen Volkswirtschaftslehre. Stuttgart 1920/21.

Schmidt, Max, Die materielle Wirtschaft bei den Naturvölkern. Leipzig 1923.

Schmidt, M. G., Natur und Mensch. Leipzig-Berlin 1914.

Waitz, Theod., Anthropologie der Naturvölker. Leipzig 1859/72.

Amerika.

(“**Reports**” = Annual Reports of the Bureau of American Ethnology to the Secretary of the Smithsonian Institution. Washington 1881—1919.)

Agostini, A. de, Zehn Jahre im Feuerland. Leipzig 1924.

Aimé-Martin, Lettres édifiantes. Paris 1838.

Billings, Reise nach den nördlichen Gegenden von Russisch-Asien und Amerika. Weimar 1803.

Boas, Franz, Über die ehemalige Verbreitung der Eskimos im arktisch-amerikanischen Archipel. Zeitschrift der Gesellschaft für Erdkunde zu Berlin, XVIII. Jahrgang 1883. S. 118—136.

Boas, Franz, Baffin-Land, Geogr. Ergebnisse einer 1883 und 1884 ausgeführten Forschungsreise. Petermanns Geogr. Mitteilungen. Ergänzungsheft Nr. 8.

Boas, Fr., Reports Vol. VI.

Boas, Fr., Reports Vol. XXXI.

Boas, Fr., The Kwakiutl of Vancouver Island. Leiden 1909.

Cartwright, Journal of transactions and events on the coast of Labrador. Newark 1792. I.

Catlin, Illustrations of the manners, customs, conditions of the N. Am. Indians. London 1844.

Cook, James, A Voyage towards the South Pole and round the World. London 1779.
Cranz, Historie von Grönland. Barby 1770.
Dobrizhoffer, M., Geschichte der Abiponer. Wien 1783/84.
Ehrenreich, P., Neue Mitteilungen über die Guayaki in Paraguay. Globus 73. 1898. I. S. 73.
Eickhoff, Heinr., Die Kultur der Pueblos in Arizona und New Mexico. Stuttgart 1908.
Elliot, H., An arctic Province. Alaska and the Seal Islands. London 1886.
Etzel, von, Grönland, geographisch und statistisch beschrieben. Stuttgart 1860.
Fewkes, Reports Vol. XXV.
Fletcher, Alice, Reports Vol. XXVII.
Garcilaso de la Vega, Histoire des Yncas. Amsterdam 1737.
Garcilaso de la Vega, Histoire de la conquête de la Floride. Amsterdam 1737.
Globus 8. 1865. Bd. II. S. 88. Die kalifornischen Indianer.
Globus 1. 1862. Bd. I. S. 157. Fischwanderungen in Südamerika.
Globus 33. 1878. Bd. I. S. 7. Neuere Arbeiten über die Tierwelt Amerikas. III. Zur Geschichte des Bison Americanus.
Globus 32. 1877. Bd. II. S. 359. Die Tinne-Indianer.
Guinnard, A., Gefangenschaft und Abenteuer bei den Patagoniern. Globus 1. 1862. I.
Hall, C. Fr., Life with the Esquimaux. London 1865.
Hodge, Handbook of American Indians North of Mexico. Washington 1907.
Hoffman, Reports Vol. XXIV.
Jenks, Reports Vol. XIX.
Koch-Grünberg, Theod., Die Guaikurugruppe. Mitt. der Anthropol. Gesellschaft in Wien. Bd. 33. 1902.
Koch-Grünberg, Theod., Die Guaikurustämme. Globus 81. 1902. I. S. 36.
Koch-Grünberg, Theod., Zwei Jahre unter den Indianern. Stuttgart 1921.
Kohlmeister and Kmoch, Journal of a voyage from Okkak to Ungava Bay. London 1814.
Krause, Aurel, Die Tlinkit-Indianer. Jena 1885.
Krause, Fritz, Die Kultur der kalifornischen Indianer. Leipzig 1921.
Krause, Fritz, In den Wildnissen Brasiliens. Leipzig 1911.
Loskiel, Geschichte der Mission der evangelischen Brüder unter den Indianern in Nordamerika. Barby 1789.
Mac Cauley, Reports Vol. V.
Mac Gee, Reports Vol. XVII.
Mooney, Reports Vol. VII.
Murdoch, Reports Vol. IX.
Musters, Unter den Patagoniern. Jena 1877.
Nordenskiöld, Erland, Meine Reise in Bolivia 1908—1909. Globus 97. 1910. I. S. 213.
Nordenskiöld, Erland, Einiges über das Gebiet, wo sich Chaco und Anden begegnen. Globus 84. 1903. II. S. 197.
Parker Snow's Voyage to the South-Seas and Tierra del Fuego. London 1857.
Pöppig, Reise in Chile, Peru und auf dem Amazonenstrom 1827—32. Leipzig 1835.
Pratz, du, Histoire de la Louisiane. Paris 1758.
Quandt, Nachrichten von Surinam und seinen Einwohnern. Görlitz 1807.
Rasmussen, Knud, Rasmussens Thulefahrt. Frankfurt a. M. 1926.
Russell, Reports Vol. XXVI.
Saabye, Hans Egede, Bruchstücke eines Tagebuches, gehalten in Grönland in den Jahren 1770—1778. Hamburg 1817.
Sagard, Grand voyage au pays des Hurones. Paris 1632.
Sapper, Karl, Der Feldbau der mittelamerikanischen Indianer. Globus 97. 1910. I. S. 8.
Sapper, Karl, Das nördliche Mittelamerika. Braunschweig 1897.

Sapper, Karl, Mittelamerikanische Reisen und Studien aus den Jahren 1888-1900. Braunschweig 1902.
Schmidt, Max, Die Aruaken. Leipzig 1917.
Schmidt, Max, Die Guató und ihr Gebiet. Bäßler-Archiv IV, 6. Leipzig-Berlin 1914.
Schomburgk, Rich., Reisen in Britisch-Guiana 1840—1844. Leipzig 1847.
Skottsberg, The Wilds of Patagonia. London 1911.
Smith, E. R., The Araucanians. London 1855.
Spix, von. und Martius, von, Reisen nach Brasilien 1817—1820. München 1823.
Staden, H., Wahrhafte Historia und Beschreibung einer Landschaft der Wilden in Amerika. Marburg 1557.
Steffen, Max, Die Landwirtschaft bei den altamerikanischen Kulturvölkern. Leipzig 1883.
Steinen, Karl von den, Durch Zentral-Brasilien. Leipzig 1886.
Steinen, Karl von den, Unter den Naturvölkern Zentral-Brasiliens. Berlin 1894.
Trebitsch, R., Bei den Eskimos in Westgrönland. Berlin 1910.
Turner, Reports Vol. XI.
Waitz, Die Indianer Nordamerikas. Leipzig 1865.
Wied, Maxim. Prinz zu, Reise nach Brasilien in den Jahren 1815—1817. Frankfurt a. M. 1820 u. 1821.

Afrika.

Annaratone, Carlo, In Abissinia. Roma 1914.
Antinori, Brief aus Schoa: in Petermanns Geogr. Mitteilungen XXVIII. 1882. S. 71.
Barth, Heinr., Reisen und Entdeckungen in Nord- und Zentralafrika in den Jahren 1849 und 1855. Gotha 1857—58.
Bauer, Fritz, Die deutsche Niger-Benue-Tsadsee-Expedition 1902—03. Berlin 1904.
Behm, Über Zwergvölker in Afrika. Petermanns Geogr. Mitteilungen. 1871. S. 139.
Bernard, Augustin, Le Maroc. Paris 1913.
Brunache, P., Le Centre de l'Afrique. Autour du Tchad. Paris 1894.
Burchell, William J., Reisen in das Innere von Südafrika. Weimar 1822—25.
Burton's und Speke's Expeditionen von Zanzibar bis zum Tanganjika- und Nyanza-See. (Bearbeitet von Karl Andree.) Leipzig 1861.
Chavanne, Josef, Die Sahara. Wien, Pest, Leipzig 1879.
Clozel, F. J., Les Bayas. Notes ethnographiques et linguistiques. Paris 1896.
Crampels, Besuch beim Zwergstamme der Bayaga. Globus 59. 1891. I. S. 237.
Decorse, J., Du Congo au Lac Tchad. Paris 1906.
Denham, Clapperton and Oudney, Narrative of travels in North and Central Africa. London 1826.
Faurot, L., Observations ethnographiques sur les Danakils du Golf de Tadjoura. Revue d'Ethnographie. Paris 1887.
Fritsch, Die Eingeborenen Südafrikas. Breslau 1872.
Fülleborn, Friedr., Deutsch-Ostafrika. IX. Das Deutsche Njassa- und Ruwuma-Gebiet. Land und Leute, nebst Bemerkungen über die Schire-Länder. Berlin 1906.
Glaves, Reise von Nyangwe nach Matadi. Globus 73. 1898. I. S. 370.
Götzen, Graf von, Durch Afrika von Ost nach West. Berlin 1895.
Harris, Gesandtschaftsreise nach Schoa und Aufenthalt in Südabessinien 1841—43. Stuttgart und Tübingen 1845.
Heuglin, M. Th. von, Reise nach Abessinien. Jena 1868.
Holubs, Reise zu den Maschukulumbe. Globus 59. 1891. I. S. 243.
Johnston, H. H., Der Kongo. Leipzig 1884.
Irle, J., Die Herero. Gütersloh 1906.
Junker, Reisen in Zentralafrika 1880-85. Petermanns Geogr. Mitteilungen. Ergänzungsband XX. 1888—89.
Kirchhoff, Alfr., Die Berber Marokkos. Petermanns Geogr. Mitteilungen 1890. S. 23.

Lenfant, Commandant: La Découverte des grandes sources du centre de l'Afrique. Paris 1909.
Merker, M., Die Massai. Berlin 1910.
Nachtigal, Gust., Sahara und Sudan. Berlin 1879—81. Leipzig 1889.
Obst, Erich, Das abflußlose Rumpfschollenland im nordöstlichen Deutsch-Ostafrika. Hamburg 1923.
Panckow, Hellm., Über Zwergvölker in Afrika und Südasien. Zeitschrift der Gesellschaft für Erdkunde zu Berlin 1892, S. 75.
Passarge, Siegfr., Die Buschmänner der Kalahari. Berlin 1907.
Rathjens, Karl, Beiträge zur Landeskunde von Abessinien. München 1911.
Ratzel, Versuch einer Zusammenstellung der wissenschaftlichen Ergebnisse von Stanleys Durchquerung. Petermanns Geogr. Mitteilungen 1890, S. 117ff.
Rehse, H., Kiziba, Land und Leute. Stuttgart 1910.
Rein, Abessinien. Berlin 1918, 1920.
Richter, Martin, Kultur und Reich der Marotse. Leipzig 1908.
Schanz, Moritz, Nordafrika, Marokko. Halle a. S. 1905.
Schultze, Arnold, Das Sultanat Bornu. Essen 1910.
Schultze, Leonhard, Aus Namaland und Kalahari. Jena 1907.
Schweinfurth, Georg, Im Herzen von Afrika. Leip ig 1878.
Seidel, H., Die Ephe-Neger. Globus 68. 1895. II. S. 315.
Sieber, J., Die Wute. Berlin 1925.
Stanley, H., Wie ich Livingstone fand. Leipzig 1885.
Stow, George W., The native Races of South Africa. London 1905.
Stuhlmann, Franz, Mit Emin Pascha ins Herz von Afrika. Berlin 1894.
Teßmann, Günter, Die Pangwe. Berlin 1913.
Thomson, Joseph (aus dem Englischen von W. v. Freeden): Durch Massai-Land. Leipzig 1885.
Thonner, Franz, Das Gebiet des Mangalaflusses in Zentralafrika. Globus 1897. S. 117.
Torday's Reisen im südlichen Kongobecken. Geogr. Journal 1910. S. 26—53
Ward, F. H., Fünf Jahre unter den Stämmen des Kongostaates. Leipzig 1891.
Weiß, Max, Die Völkerstämme im Norden Deutsch-Ostafrikas. Berlin 1910.
Weule, K., Völkerwanderungen in Afrika. Verhandlungen des XIX. Deutschen Geographentages zu Straßburg i. E. Berlin 1915.
Wissmann, Unter deutscher Flagge durch Afrika. Berlin 1889.
Wolf, L., Im Innern Afrikas. Leipzig 1888.

Asien.

Anderson, John, The Selungs of the Mergui Archipelago. London 1890.
Bastian, Adolf, Die Völker des östlichen Asiens.
Bd. I. Geschichte der Indochinesen. Leipzig 1866.
„ II. Reisen in Birma in den Jahren 1861/62. Leipzig 1866.
„ III. Reisen in Siam im Jahre 1863. Jena 1867.
„ IV. Reise durch Kambodja nach Cochinchina. Jena 1868.
„ V. Reisen im Indischen Archipel. Jena 1869.
Byhan, Die Polarvölker. Leipzig 1909.
Blumentritt, Ferdinand, Die Bewohner des Suluh-Archipels. Globus 37. 1880. I. S. 89.
Blumentritt, Ferdinand, Über die Eingeborenen der Insel Palawan und der Inselgruppe der Calamianen. Globus 59. 1891. I. S. 166.
Blumentritt, Ferdinand, Versuch einer Ethnographie der Philippinen. Petermanns Geogr. Mitteilungen. Ergänzungsheft 15. Gotha 1882.
Charles, W. R., Life in Corea. London 1888.
Consten, H., Weideplätze der Mongolen. Berlin 1919.
Czekanowski, A., über seine Erforschung der unteren Tunguska im Jahre 1873. Globus 31. 1877. I. S. 263.

Davidson, J. W., The Island of Formosa past and present. London—New-York 1903.
Erkes, Ed., China. Gotha 1919.
Fischer, Theobald, Mittelmeerbilder. Leipzig-Berlin 1906.
Forke, Alb., Die Völker Chinas. Berlin 1907.
Franke, O., Kêng Tschi Tu, Ackerbau und Seidengewinnung in China. Hamburg 1913.
Futterer, K., Durch Asien. Bd. III. Berlin 1901.
Globus 8. 1865. II. S. 116. Ethnogr. Schilderung der Wogulen.
Globus 6. 1864. II. S. 87. Das Volk der Aïnos auf der japanischen Insel Jesso.
Globus 7. 1865. I. S. 138. Heinr. Mouhot's Wanderung nach Korat und nach Luang Phraban am Mekong im Lande der Laos.
Globus 18. 1870. II. S. 353. Der Stamm der Nilgiris und seine Gebräuche.
Globus 11. 1867. I. S. 321. Beiträge zur Kunde von Japan.
Globus 98. 1910. II. S. 213. Der Kurdenstamm Manggur.
Gottsche, Karl, Über Land und Leute in Korea. Verhandlungen der Gesellschaft für Erdkunde. Bd. XIII. S. 245ff. Berlin 1886.
Grunzel, Joseph, Die Landwirtschaft in China. Globus 54. 1888. II. S. 161ff., 193ff., 252ff.
Hagen, B., Die Orang Kubu auf Sumatra. Frankfurt a. M. 1918.
Harmand, In Kambodja und Unter-Laos. Globus 31. 1877. I. S. 287.
Hedin, Sven von, Transhimalaja. Leipzig 1909ff.
Hellwald, Fr. von, Zentralasien. 2. Ausg. Leipzig 1879.
Huc und **Gabet**, Wanderungen durch die Mongolei nach Tibet. Leipzig 1855.
Junghuhn, Die Battaländer auf Sumatra. Berlin 1847.
Karutz, R., Unter Kirgisen und Turkmenen. Leipzig 1911.
Kloss, C. B., In the Andamans and Nicobars. London 1903.
Kohn, Albin, und **Andree**, Rich., Sibirien und das Amurgebiet. Leipzig 1876.
Laurentii, Der persische Bauer. Globus 97. 1910. I. S. 62.
Man, Edw. Horace, On the aboriginal Inhabitants of the Andaman Islands. London.
Martin, Rud., Die Inlandstämme der Malayischen Halbinsel Jena. 1905.
Müller, Ferdin., Unter Tungusen und Jakuten. Leipzig 1882.
Piehler, Br., Die Ajitas (Aëtas) der Philippinen. Globus 96. 1909. II. S. 197.
Polak, J. Ed., Persien, das Land und seine Bewohner. T. I/II. Leipzig 1865.
Rein, J. S. Japan. Leipzig 1905.
Sarasin, P. und F., Über die Toála von Süd-Celèbes. Globus 83. 1903.
Sarasin, P. und F., Die Wedda von Ceylon. Wiesbaden 1893.
Schlagintweit, Emil, Indien in Wort und Bild. Leipzig 1880.
Schlagintweit, H. v., Reisen in Indien und Hochasien. 4 Bde. Jena 1869—1880.
Schmarda, Ludw., Der südwestliche Teil von Ceylon. Globus 7. 1865. I. S. 212.
Schrenck, Leop. **von**, Reisen und Forschungen im Amurlande. St. Petersburg 1891.
Schultz, Arved, Die Pamirtadschik. Gießen 1914.
Schultz, Arved, Die natürlichen Landschaften von Russisch-Turkestan. Hamburg 1920.
Schultz, Arved, Kaschgar. Stadt und Landschaft. Hamburg 1921.
Schultz, Arved, Sibirien. Breslau 1923.
Seidel, Cupets Reise zu den wilden Stämmen im Hinterlande Anams. Globus 64. 1893. II. S. 136—158.
Silvestre, J., L'Empire d'Annam et le peuple Annamite. Paris 1889.
Simon, M. H., Beiträge zur Kenntnis der Riukiuinseln. Leipzig 1914.
Stenz, Der Bauer in Schantung. Anthropos I, S. 435ff., 839ff. Wien 1906.
Stöpel, K. Th., Eine Reise in das Innere der Insel Formosa. Weihnachten 1898. Buenos Ayres 1905.
Wallace, Alfr., Russell, Der malaiische Archipel. Braunschweig 1869.
Wiedfeldt, O., Wirtschaftliche, rechtliche und soziale Grundtatsachen und Grundformen der Atayalen auf Formosa. Tokio 1914.

Australien und Ozeanien.

Bonwick, Lebensweise und Ursprung der Tasmanier. Globus 17. 1870. I. S. 378.
Bougainville, Reise um die Welt (1766—69). Leipzig 1772.
Burnett, Frank, Through Polynesia and Papua. London 1911.
Cheyne, A Description of islands in the Western Pacific Ocean, north and south of the Equator. London 1852.
Christian, F. W., The Caroline Islands. London 1899.
Cook, James, A Voyage towards the South Pole and round the World. London 1779.
Dampier, Nouveau Voyage autour du monde (1679—91). Amsterdam 1701.
Darwin, Charles, Naturwissenschaftliche Reisen. Braunschweig 1844.
Detzner, Herm,. Vier Jahre unter Kannibalen. Berlin.
Dieffenbach, Travels in New Zealand. London 1843.
Dillon, Narrative of a voyage in the South-Seas. London 1829.
Erskine, Journal of a cruise among the islands of the Western Pacific. London 1853.
Eylmann, Die Eingeborenen der Kolonie Südaustralien. Berlin 1908.
Forrest, Voyage to New Guinea and the Moluccas (1774—76). London 1779.
Friedel, Wirtschaftsformen der Ozeanier. Petermanns Geogr. Mitteilungen 1903. S. 123. 269.
Globus 13. 1868. I. S. 72. Neukaledonien und seine Bewohner.
Grey, George, Journals of two expeditions of discovery in North-West and Western Australia during the years 1837, 38 and 39. London 1841.
Hager, Karl, Die Marschallinseln. Leipzig 1889.
Hambruch, Paul, Nauru. Hamburg 1915.
Hochstetter, von, Neuseeland. Stuttgart 1863.
Howitt, The native Tribes of South-East-Australia. London 1904.
Kittlitz von, Denkwürdigkeiten auf einer Reise nach dem russischen Amerika, Mikronesien und Kamtschatka (1826ff). Gotha 1858.
Kolff, Voyage of the Dutch Brig Dourga to the Moluccan Archipelago and New-Guinea (1825ff.). London 1840.
Krusenstern, Reise um die Welt (1803—06). Petersburg 1810.
Kubary, J. S., Ethnographische Beiträge zur Kenntnis des Karolinen-Archipels. Leiden 1895.
Kubary, J. S., Beitrag zur Kenntnis der Núkuóro- oder Monteverde-Inseln (Karolinen). Mittl. der Geogr. Gesellschaft in Hamburg. Bd. XVI. 1900.
Labillardière, Relation du voyage à la recherche de la Pérouse (1791 ff.). Paris an VIII.
Lesson, Voyage médical autour du monde (1822—25). Paris 1829.
Macgillivray, Narrative of the voyage of H. M. S. Rattlesnake (1846—50, Command. Capt. Owen Stanley). London 1852.
Meinicke, Karl, Die Neukaledonier. Globus 15. 1869. I. S. 199.
Moerenhout, Voyage aux îles du Grand Océan. Paris 1837.
Müller, Sal., Reizen en onderzoekingen in den Indischen Archipel. Amsterdam 1857.
Nicholas, Reise nach Neu-Seeland (1804ff.). Weimar 1819.
Nixon, Cruise of the Beacon. London 1857.
Oberländer, Rich., Die Eingeborenen der australischen Kolonie Victoria. Globus 4. 1863. II. S. 241.
Reiner, Paul (nach seinen Mitteilungen), Über die Bewohner der Insel Rook, östlich von Neuguinea, nebst einigen Notizen über Neuguinea und benachbarte Inseln. Zeitschrift für allgemeine Erdkunde. Berlin 1858. S. 353.
Rochas, de, Neukaledonien im Großen Ozean. Globus 1. 1862. I. S. 82.
Schaffrath, K. J., Südseebilder. Berlin 1909.
Shortland, The southern Districts of New Zealand. London 1851.
Spencer, Baldwin, The native Tribes of Central-Australia. London 1899.
Spencer and Gillen, Across Australia. London 1912.

Stephan, Emil, und Graebner, Fr., Neu-Mecklenburg. Berlin 1907.
Stewart, Journal of a residence in the Sandwich-Islands (1823—25). London 1828.
Thilenius, Ethnographische Ergebnisse aus Melanesien. Halle 1902.
Thurnwald, Rich., Forschungen auf den Salomoinseln und dem Bismarck-Archipel. Berlin 1912.
Turnbull, Reise um die Welt (1800—04). Berlin 1806.
Turner, Nineteen years in Polynesia. London 1861.
Vogel, Hans, Eine Forschungsreise im Bismarck-Archipel. Hamburg 1911.
Yate, New-Zealand. Baseler Missions-Magazin 1836.

Register.

Abhandlungen aus dem Gebiete der Auslandskunde

Herausgegeben von der **Hamburgischen Universität**

(Fortsetzung der Abhandlungen des Hamburgischen Kolonialinstituts)

Band 1 (Reihe B. Band 1).
Franke, Prof. Dr. *O.*: Studien zur Geschichte des konfuzianischen Dogmas und der chinesischen Staatsreligion. 4°. VIII u. 329 Seiten m. 11 Tafeln. 1920. RM 15.—.

Band 2 (Reihe C. Band 1).
Schultz, Dr. *Arved*: Die natürlichen Landschaften von Russisch-Turkestan. 4°. XII u. 72 Seiten m. 15 Karten. 1920. RM 5.—.

Band 3 (Reihe B. Band 2).
Björkman, Dr. *Walther*: Ofen zur Türkenzeit. 4°. XVII u. 77 Seiten m. 1 Orientierungsplan u. 1 Faksimile. 1920. RM 4.—.

Band 4 (Reihe B. Band 3).
Großmann, Dr. *Rudolf*: Spanien und das elisabethanische Drama. 4°. VII u. 138 Seiten. 1920. RM 4.—.

Band 5 (Reihe C. Band 2).
Gebien, *Hans*: Käfer aus der Familie Tenebrionidae. 4°. VIII u. 161 Seiten m. 2 Tafeln, 6 Kartenskizzen u. 69 Abb. im Text. 1920. RM 9.—.

Band 6 (Reihe B. Band 4).
Westermann, *Diedrich*: Die Gola-Sprache in Liberia. Grammatik, Text u. Wörterbuch. 4°. VII u. 178 Seiten. 1921. RM 10.—.

Band 7 (Reihe C. Band 3).
Gripp, *Karl*: Beiträge zur Geologie von Mazedonien. 4°. VIII u. 61 Seiten mit 19 Fig. im Text u. 11 Tafeln. 1922. RM 4.—.

Band 8 (Reihe B. Band 3).
Schulten, *Adolf*: Tartessos. Ein Beitrag zur ältesten Geschichte des Westens. 4°. VIII u. 93 Seiten m. 2 Karten. 1922. Vergriffen.

Band 9 (Reihe C. Band 4).
Waibel, Prof. Dr. *Leo*: Winterregen in Deutsch-Südwest-Afrika. 4°. 112 Seiten mit 6 Karten. 1922. RM 5.—.

Band 10 und 16 (Reihe B. Band 6 und 9).
Wirz, Dr. *P.*: Die Marind-anim von Holländisch-Süd-Neu-Guinea, I. Band (Teil I und II in einem Bande) 4°. Teil I: XIX und 130 Seiten, Teil II: VI und 191 Seiten mit 43 Tafeln, 22 Abb. im Text u. 1 Karte 1922. II. Band (Teil III und IV in einem Bande). 4°. XIII u. 363 S., 85 Taf., 7 Abb. im Text u. 1 Karte. 1925. I: RM 25.—. II: RM 30.—.

Band 11 und 14 (Reihe B. Band 7 und 8).
Vedder, *H.*: Die Bergdama. Teil I.: 4°. VI und 199 Seiten. 1923. Teil II. 4°. VII und 131 Seiten. 1923. I.: RM 10.—. II.: RM 9.—.

Band 12 (Reihe A. Band 1).
Schack, Dr. jur. et rer. pol. *Friedrich*: Das deutsche Kolonialrecht in seiner Entwicklung bis zum Weltkriege. 4°. XVIII und 434 Seiten. 1923. RM 15.—.

Band 13 (Reihe D. Band 1).
Wissenschaftliche Beiträge (von Dr. *Carl Ittameier* und Dr. *Hermann Feldmann*) zur Frage der Erhaltung und Vermehrung der Eingeborenen-Bevölkerung. 4°. 148 S. 1923. RM 6.—.

Band 15 (Reihe C. Band 5).
Nissen, Dr. *Nis Walter*: Die südwestgrönländische Landschaft und das Siedlungsgebiet der Normannen. 4°. 112 Seiten und 12 Karten. 1924. RM 10.—.

Band 17 (Reihe C. Band 6).
Blanck, *E.*, und *Passarge*, *S.*, unter Mitwirkung von *A. Rieser* und *F. Heide*: Die chemische Verwitterung in der ägyptischen Wüste. 4°. IX u. 110 Seiten m. 11 Tafeln, 14 Abb. im Text und 2 Karten. 1925. RM 10.—.

Band 18 (Reihe B. Band 10).
Florenz, Prof. Dr. *Karl*: Wörterbuch zur altjapanischen Liedersammlung Kokinshū. 4°. XI und 215 Seiten. 1925. RM 16.—.

Band 19 (Reihe C. Band 7).
Kanter, Dr. med. et rer. nat. *Helmuth*: Das Mar Chiquita in Argentinien, Provincia de Córdoba. 4°. XII und 91 Seiten mit Karten, Profilen und 31 Abb. auf 8 Tafeln. 1925. RM 12.—.

Band 20 (Reihe B. Band 11).
Krüger, *Fritz*: Die Gegenstandskultur Sanabrias und seiner Nachbargebiete, ein Beitrag zur spanischen und portugiesischen Volkskunde. 4°. X und 322 Seiten mit 23 Abb. im Text, 26 Tafeln und 1 Übersichtskarte. 1925. RM 25.—.

Band 21 (Reihe C. Band 8).
Lindinger, *Leonhard*: Beiträge zur Kenntnis von Vegetation und Flora der kanarischen Inseln. 4°. IX und 350 Seiten mit 5 Tafeln und 2 Karten. 1926. RM 25.—.

Band 22 (Reihe B. Band 12).
Heepe, *M.* u. *Nekes*, *P. H.*: Jaunde-Wörterbuch. 4°. XVI und 257 Seiten. 1926. RM 18.—.

Band 23 (Reihe B. Band 13).
Jürgens, *Oskar*: Spanische Städte, ihre bauliche Entwicklung und Ausgestaltung. 4°. XVIII und 351 Seiten Text mit 276 Abb. auf CXX Tafeln, 96 Abbildungen im Text und 27 Stadtplänen in besonderer Mappe. 1926. [400 g]. RM 90.—.

Band 25 (Reihe B. Band 14).
Forke, *Alfred*: Geschichte der alten chinesischen Philosophie. 4°. XVI und 592 Seiten. 1927. RM 36.—.

Kommissions-Verlag von L. Friederichsen & Co., Hamburg

FSC
www.fsc.org
MIX
Papier | Fördert gute Waldnutzung
FSC® C083411

Kolibri 360 GmbH
Ferdinand-Jühlke-Straße 7
99095 Erfurt, Deutschland
produktsicherheit@kolibri360.de